ACTE III, SCÈNE X.

LA FILLE DE L'AIR,

FÉERIE EN TROIS ACTES, MÊLÉE DE CHANTS ET DE DANSES,

PRÉCÉDÉE DE :

LES ENFANS DES GÉNIES,

PROLOGUE,

Par MM. Cogniard frères et Raymond;

MUSIQUE DE M. ADOLPHE, DÉCORS DE MM. DEVOIR ET POURCHET,

REPRÉSENTÉE POUR LA PREMIÈRE FOIS, A PARIS, SUR LE THÉATRE DES FOLIES-DRAMATIQUES, LE 3 AOUT 1837.

PERSONNAGES.	*ACTEURS.*	*PERSONNAGES.*	*ACTEURS.*
LA REINE DES GÉNIES.	Mme DELILLE.	MÈRE MARTHA.	Mme HOUDRY.
AZURINE, sa fille.	Mlle NATHALIE.	LUCETTE	Mlle FANNY.
EOLIN.	Mlle SOPHIE.	LA REINE DES WILLIS.	Mlle ANASTASIE.
AQUILLONET.	M. NEUVILLE.	SYLPHES ET SYLPHIDES, WILLIS, DÉMONS, LUTINS, PAYSANS ET PAYSANNES.	
RUTLAND.	M. PALAISEAU.		
MATHIAS.	M. PATONELLE.		

La scène, au Prologue, est dans un palais aérien, et aux autres actes, dans un village de Basse-Bretagne.

LES ENFANS DES GÉNIES,

PROLOGUE.

Un palais aérien.

SCENE PREMIERE.

AZURINE, LA REINE DES GÉNIES,
SYLPHES, SYLPHIDES.

Au lever du rideau, tous sont agenouillés devant un temple d'architecture légère, qui est élevé au milieu des nuages; au centre du temple aérien est un autel orné de guirlandes de fleurs, sur lequel brûlent des parfums.

CHOEUR.

AIR : *Adieu, mon beau navire* (des Deux Reines).

Prions le grand génie,
Prions tous, à genoux,
Que sa fille chérie
Reste encore avec nous.

LA REINE, *à Azurine.*

Tu partirais sur terre,
Je ne te verrais plus !

AZURINE, *à la Reine.*

Te quitter, ô ma mère !
Mes beaux jours sont perdus.
Nous n'irions plus ensemble
Voltiger dans les cieux !
Hélas! déjà je tremble
D'abandonner ces lieux.

Le chœur reprend.

Prions!..
Prions le grand génie, etc.

LA REINE. Il reste sourd à nos prières. Les Destins, mon enfant, sont plus forts que ton père; quand ils ordonnent, il faut obéir. Ma pauvre Azurine, il faut donc que je te laisse aller seule sur la terre pour subir cette épreuve fatale à laquelle si peu de nos enfans ont résisté jusqu'à ce jour.

AZURINE. Une épreuve, avez-vous dit, ma mère?

LA REINE. Oui, mon enfant, tu as atteint l'âge où tu dois, selon les décrets du ciel, descendre pendant une année sur le globe, et il faut que pendant ton séjour parmi les hommes ton cœur résiste à l'amour. Tu l'entends bien, mon Azurine, si jamais tu aimais un mortel, vois-tu, ton essence divine s'éteindrait tout-à-coup... Plus d'immortalité pour toi. Tu ne me reverrais plus, ô ma fille, car tes ailes tomberaient, et tu ne pourrais plus remonter vers nos demeures aériennes.

AZURINE. Ne plus vous revoir!.. oh! cette crainte seule me fera braver tous les dangers..... et d'ailleurs que puis-je avoir à redouter d'une créature aussi imparfaite que l'homme?

LA REINE. Hélas! tu ignores quel penchant secret existe dans notre ame pour ces habitans maudits du globe terrestre...

AZURINE. D'après le peu que j'en sais, ô Dieu! les hommes... je les déteste, je les exècre.

LA REINE. Puisses-tu rester toujours dans de semblables sentimens!

AZURINE. J'y resterai, ma mère, soyez sans crainte sur mon sort; bientôt je remonterai vers vous pour ne plus vous quitter.

La reine embrasse Azurine sur le front; on entend une musique vive.

SCENE II.

LES MÊMES, ÉOLIN.

LA REINE. Qu'entends-je? serait-ce déjà Éolin?

ÉOLIN. Oui, grande reine, c'est Éolin, qui ne vous apporte aucune bonne nouvelle. J'ai volé vers votre époux avec la rapidité de l'hirondelle; je lui ai fait part de votre douleur, je l'ai supplié en faveur de ma pauvre cousine Azurine... mais, hélas! mes prières ont été vaines.

LA REINE. Mais qu'a-t-il répondu?

ÉOLIN. Qu'il est obligé de se soumettre aux lois qu'il a lui-même imposées. Azurine, malgré sa naissance, ne peut être dispensée de l'épreuve. Seulement, pendant son voyage terrestre, quelqu'un pourra l'accompagner. Vous ferez choix pour elle d'un Mentor, d'un protecteur qui veillera sur sa jeunesse.

LA REINE. Mais à quel sylphe assez expérimenté oserai-je confier l'avenir de mon enfant?

ÉOLIN. Le grand génie, notre maître, inquiet autant que vous sur le choix de ce Mentor s'est aussitôt, occupé de le trouver et va vous l'expédier.

LA REINE. Et quel est-il?

ÉOLIN. C'est un vieux vent du nord, nommé Aquillonet, retiré depuis des siècles dans les terres australes, et qui sollicitait depuis long-temps la faveur de reparaître dans les régions humaines.

AZURINE. Mais en m'accompagnant il consent donc à être soumis de nouveau à la fatale épreuve?

ÉOLIN. Sans doute, ma cousine, mais son âge et son expérience la lui rendent peu dangereuse, et votre père a pensé que ses conseils et sa surveillance seraient pour vous d'un grand secours.

LA REINE. Qu'il vienne donc alors qu'il vienne sur-le-champ. Il me tarde de le voir pour lui recommander mon Azurine.

ÉOLIN. Vous allez être obéie.

AIR: *Mater Dolorosa.* (Loïsa Puget.)

Pendant la ritournelle Éolin fait une sorte de conjuration.

Pour remplir l'ordre suprême,
Vents soumis à mon pouvoir,
Envoyez à l'instant même
Celui qu'ici l'on veut voir.
Toi qui souffles les tempêtes,
Toi qui soulèves la mer,
Plane au-dessus de nos têtes,
Viens dans les plaines de l'air.
Aquilon, dieu de la mer,
Viens vers la fille de l'Air! (*bis.*)

Un trémolo qui se lie à l'air d'entrée d'Aquillonnet. On entend siffler les vents et gronder le tonnerre.

AZURINE. Ah! mon Dieu! qu'est-ce que c'est que cela?

ÉOLIN. C'est votre compagnon qui se rend à mon invitation.

LA REINE. Mais il va renverser mes édifices; qu'il retienne un peu son souffle.

L'ouragan recommence.

ÉOLIN. Le voici.

SCENE III.

Les Mêmes, AQUILLONET.

AIR : *Je chante, je danse, je chante.*

J'arrive, (*ter.*)
Du monde entier, moi, j'ai franchi la rive !
Bousculant tout, renversant tout,
Sur mon chemin ne laissant rien debout!
Qui donc pourrait me tenir tête?
Vain espoir! efforts superflus.
Si l'on me résiste ou m'arrête,
Tout tombe alors, car je souffle dessus.

Il souffle à droite et à gauche, tout le monde recule.

ÉOLIN, *parlant.* Assez, assez, vieux brutal.

AQUILLONET, *reprenant l'air.*

J'arrive, (*ter.*)
Du monde entier, etc.

AQUILLONET. Pardon de m'être annoncé d'une façon un peu bruyante. Il n'y a pas de ma faute. Dans mes déserts je suis peu habitué à rencontrer des obstacles, et, sans y penser, j'ai failli mettre votre palais en pièces.

ÉOLIN. Bien obligé de la distraction.

AZURINE. Vous nous avez fait une peur!

AQUILLONET. En effet, vous paraissez toute suffoquée... voulez-vous que je vous donne un peu d'air?

Il souffle.

AZURINE. Non, non, votre souffle est trop terrible.

LA REINE. Aquillonet... (*Aquillonet s'incline devant la Reine*) est-il vrai que vous vouliez retourner sur la terre? Si j'ai bonne mémoire, vous aviez juré de ne plus vous trouver même au-dessus de l'atmosphère de l'homme?

AQUILLONET. C'est vrai, grande reine, l'injustice de ces petites girouettes qu'on est convenu d'appeler les humains, m'avait froissé, exaspéré. Imaginez-vous qu'après m'avoir aimé et choyé pendant des siècles, afin que je leur envoyasse de chaudes exhalaisons pour mûrir leurs vendanges et leurs moissons, ils eurent un beau matin l'infamie de me préférer mon frère Zéphyre, vous savez le petit Zéphyre, un enfant, un petit débauché. Dès lors, à lui les honneurs, les hommages, à moi l'obscurité et l'oubli ; les ingrats! Oh! je m'en suis vengé par plus d'une tempête que je leur ai soufflée.

AZURINE. Votre haine s'est donc enfin apaisée?

AQUILLONET. Je vais vous dire. Un petit Coulis de mes amis qui s'est glissé dans les salons des beaux-esprits d'en bas, des romantiques... c'est un mot français que je ne comprends pas... m'a assuré qu'après avoir été choyé et fêté si long-temps, mon frère Zéphyre avait perdu de sa fraîcheur ; qu'à présent on le trouvait rococo... c'est encore un mot français.... Il m'a assuré, en outre, que ces messieurs tournaient aux vapeurs noires, à l'ouragan ; qu'ils se plaisaient à tout bouleverser, qu'ils travaillaient à renverser aujourd'hui l'idole qu'ils avaient élevée la veille... qu'enfin, en ma qualité de vent septentrional, je serais très en vogue sur terre. J'ai donc résolu de redescendre sur ce monde, que je n'ai pas vu depuis Charlemagne.

AZURINE. Ah! mon Dieu! vous êtes donc bien vieux?

AQUILLONET. J'ai deux mille huit cent trente-sept ans... ni moins ni plus.

ÉOLIN. Et qu'avez-vous donc fait, depuis votre voyage sur terre?

AQUILLONET. J'étais enfoui dans les terres australes. Je ne me suis occupé des humains que pour les empêcher de pénétrer jusqu'aux pôles. Je leur ai soufflé des tempêtes, des ouragans, des glaces et autres petites gentillesses du même genre. J'ai prodigieusement soufflé. Aussi j'en suis las, et je ne serais pas fâché de respirer un autre air.

LA REINE. C'est que le monde a bien changé depuis que vous ne l'avez vu, et je crains que votre expérience ne soit une protection bien faible pour mon Azurine.

AQUILLONET. Bah! les hommes sont toujours les mêmes. Les villes se détruisent, l'aspect de la terre change, le cœur de l'homme ne change jamais. Je suis persuadé d'avance qu'ils ont les mêmes vices, les mêmes ridicules qu'au temps de Charlemagne, qu'ils font les mêmes sottises qu'au temps de Charlemagne, qu'ils déraisonnent et divaguent comme au temps de Charlemagne.

ÉOLIN. Oui, mais ils ne fumaient pas du temps de Charlemagne.

AQUILLONET. Du temps de Charlemagne le peuple fumait quelquefois.

ÉOLIN. Oui, mais ce n'était pas les feuilles d'une plante appelée tabac qu'ils ont été chercher dans l'Amérique.

AQUILLONET. Comment, ils ont découvert l'Amérique? Voyez-vous, ces diables-là... ils sont parvenus à découvrir l'Amérique.

ÉOLIN, *bas à la Reine.* Le vieil Aquillonet ne me fait pas l'effet d'être bien habile.

LA REINE, *à part.* Je le crains. (*Haut.*) Aquillonet, vous accompagnerez ma fille, puisque mon époux vous a choisi pour être son protecteur. Mais avant qu'elle ne me quitte, je veux consulter une vieille enchanteresse à laquelle j'ai rendu de grands services; je lui demanderai pour toi, mon Azurine, quelque talisman qui puisse rassurer encore ma tendresse. Tu me reverras bientôt. Mon nuage.

Elle embrasse Azurine; un char léger paraît; la Reine monte dessus.

AQUILLONET. Voulez-vous accepter l'offre d'un léger souffle, pour vous conduire où vous allez?

LA REINE. Volontiers.

Aquillonet sort en soufflant derrière le char.

CHOEUR.

AIR : *Mon rocher de Saint-Malo.*

Calmez votre peine,
Partez, noble reine,
Loin de votre enfant chéri,
Nous veillons sur lui. } (*bis.*)

Tout le monde sort, excepté Azurine et Éolin.

SCENE IV.

ÉOLIN, AZURINE.

ÉOLIN, *avec un soupir.* Eh bien, ma jolie cousine?

AZURINE. Eh bien, mon beau cousin?

ÉOLIN. Vous allez donc partir?

AZURINE. Hélas, oui!... bientôt j'aurai quitté les plaines de l'air pour descendre sur cette terre, où je dois rencontrer des périls à chaque pas... du moins, c'est ma mère qui dit cela.

ÉOLIN. Ses craintes ne sont pas exagérées, ma cousine... jolie comme vous l'êtes, si vous avez l'imprudence de vous montrer à quelque mortel...

AZURINE. Eh bien! qu'arrivera-t-il?

ÉOLIN. Il arrivera qu'à votre vue l'amour tout aussitôt pénétrera dans son cœur, et qu'il vous adorera.

AZURINE. Eh mais, c'est un plaisir que j'espère bien me donner plus d'une fois... Oh! mon petit cousin, contez-moi donc ce que dit un amoureux en faisant la cour?

ÉOLIN. Ce qu'il dit?

AZURINE. Oui, enfin, comment on devine qu'un mortel a de l'amour pour vous.... ça doit être gentil!.. Oh! dites.

ÉOLIN. Volontiers, ma cousine.

AIR : *Ah! monseigneur!* (Musique de M. Paul Henrion.)

D'abord, on le voit, d'un air tendre,
Trembler, rougir.

AZURINE.

Trembler, rougir?

ÉOLIN.

Puis son regard vous fait comprendre
Brûlant désir.

AZURINE.

Brûlant désir?

ÉOLIN.

Puis, enfin, son cœur fait entendre
Un gros soupir!

AZURINE, *riant.*

Un gros soupir?
Mon beau cousin, je crois, badine,
En fait d'amour. (*bis.*)

ÉOLIN.

Voilà, ma charmante cousine,
Comment on fait la cour.

AZURINE, *parlant.* Ensuite, mon petit cousin, ensuite...

ÉOLIN. Ensuite... ça devient un peu plus délicat.

AZURINE. Qu'est-ce qu'il dit, l'amoureux?.. qu'est-ce qu'il fait?.. mais parlez donc.

Même Air.

ÉOLIN.

Il vous demande, avec instance,
Un doux baiser.

AZURINE.

Un doux baiser?

ÉOLIN.

Comment, en voyant sa souffrance,
Lui refuser.

AZURINE.

Faut pas r'fuser?

ÉOLIN.

Oui, mais alors son exigence
Veut abuser.

AZURINE.

Veut abuser?

(*Parlant.*) Eh bien! après?.. après, après, mon petit cousin?

ÉOLIN. Après, après, ma petite cousine, c'est que... c'est très embarrassant.

AZURINE, *riant.* Embarrassant?..

Suite de l'Air.

Ah! vraiment vous me faites rire!
Parlez, de grâce, et sans détour.

(*Parlant.*) Allons donc!..

ÉOLIN.

Suite de l'Air.

Ma cousine, je ne puis dire
Comment finit l'amour.

AZURINE. Juste ce que je voulais savoir; je suis sûre que c'était le plus drôle.

ÉOLIN. Tenez, ma cousine, ne riez pas avec ces choses-là.

AZURINE. Pourquoi pas?.. quand je serai sur terre, je m'amuserai à me faire faire la cour; car, pour moi, le danger n'existe pas dans l'amour que je puis inspirer...

ÉOLIN..Oh! prenez-y garde; quand vous aurez fait naître un véritable sentiment... alors que vous vous croirez bien forte.... vous sentirez malgré vous la pitié se glisser dans votre ame, à la vue du mal que vous aurez causé... puis, à force de plaindre le malheureux qui soupirera pour vous,

vous finirez par vous y intéresser... et peu à peu l'amour prendra la place de la pitié et de l'intérêt..... croyez-en mon expérience...

AZURINE, *riant.* Votre expérience, mon beau cousin! vous êtes vraiment un conseiller bien respectable!

ÉOLIN. Vous riez!.. vous n'ignorez pas cependant que j'ai déjà fait mon voyage à la terre, et que je suis sorti victorieux de la lutte.

AZURINE. C'est vrai; mais si c'était à recommencer, vous ne seriez peut-être pas aussi heureux... car depuis quelque temps, vous êtes devenu bien mauvais sujet.

ÉOLIN. Ah! c'est ainsi que vous me traitez!... C'est bon... j'allais vous dire une foule d'autres petites choses... mais j'en serais bien fâché... vous ne saurez rien.

AZURINE. Comment, Éolin, tu te fâches pour cela?

ÉOLIN. Me traiter de mauvais sujet!

AZURINE. J'ai eu tort, voyons... sois confiant avec moi.

ÉOLIN. Vous vous repentez donc sincèrement?

AZURINE. Bien vrai!

ÉOLIN. Et pour me le prouver... vous me laisserez prendre un baiser?

AZURINE, *tendant la joue.* Un baiser?... tiens, comme l'amoureux, prends en deux, et parle tout de suite.

ÉOLIN. Comme cela, j'y consens.

Il l'embrasse.

SCENE V.

ÉOLIN, AZURINE, AQUILLONET.

AQUILLONET. Ne faites pas attention... je n'ai rien vu... autant en emporte le vent.

AZURINE, *d'un air embarrassé.* C'est mon cousin qui m'embrassait de force.

ÉOLIN, *à part.* Voyez-vous la petite dissimulée!

AQUILLONET. Je venais vous annoncer que, grâce à mon souffle, la reine votre mère est déjà arrivée au terme de son voyage... Deux cents lieues en quatre minutes, c'est bien aller, je crois... J'ai prié un vent d'ouest de mes amis de l'assister pour son retour, et en moins de dix minutes, elle sera près de nous.

AZURINE. Vous l'entendez, Éolin, dix minutes... voyons, monsieur le conseiller, contez-moi vite ce que vous avez à me dire.

ÉOLIN. Devant celui qui doit vous servir de guide, je ne sais si je dois me permettre quelques avis...

AQUILLONET. Ne vous gênez pas, mon petit sylphe, je suis un bon diable de vent; parlez, si vous restez court, je vous soufflerai.

ÉOLIN. D'abord, ma chère cousine, savez-vous quelles seront vos fonctions sur ce vaste univers que vous allez parcourir?

AZURINE. Mais à peu près... j'ai interrogé celles d'entre mes compagnes qui sont remontées vers nos célestes demeures, et elles m'ont tracé un tableau si agréable de la vie qu'elles ont menée sur terre, et des niches qu'elles jouaient à ces pauvres humains.... que je brûle d'y être déjà.... car on a beau dire, il n'y a aucun danger.

AQUILLONET. A la bonne heure, j'aime mieux vous voir comme cela.

ÉOLIN. Puissiez-vous ne pas vous tromper...

AZURINE.

AIR: *La riche nature.* (de l'Éclair.)

Sylphide légère,
J'aime à folâtrer,
Je ne vais sur terre
Que pour l'effleurer;
Que ce gai voyage
Se fasse, ô douceurs!
Parmi le feuillage,
Et parmi les fleurs!
Sur les prés humides,
Oui, je veux glisser;
Sur les eaux limpides
M'aller balancer;
Courir sur la route,
Et du voyageur,
Dont l'oreille écoute,
Effrayer le cœur,
Le mettre en déroute,
Rire s'il a peur.
Sylphide légère,
J'aime à folâtrer,
Je ne vais sur terre
Que pour l'effleurer;
Que ce gai voyage
Se fasse, ô douceurs!
Parmi le feuillage,
Et parmi les fleurs!

ÉOLIN. Bravo! ma jolie cousine.

AQUILLONET. Oh! la petite espiègle!... elle va me faire voir du chemin.

AZURINE. Oh! ce n'est pas tout... je sais qu'il y a d'autres plaisirs à recueillir dans ce bas monde... qu'il est doux, par exemple, de visiter la cabane du pauvre, d'adoucir par d'heureux songes ses chagrins et sa misère... d'entourer de douces illusions la jeune mère qui veille auprès de son enfant malade... Parfois nous pouvons plus encore... ajourner les projets du crime, détourner la balle homicide qui va frapper une victime, porter le remords dans l'ame du coupable, en agitant son sommeil... Cette mission-là n'est-elle pas belle à remplir?

ÉOLIN. Prenez garde, prenez garde.... vous vous intéressez trop vivement à l'espèce humaine... défiez-vous de votre sensibilité, elle pourrait vous perdre... vos idées romanesques vous rendront bien faible contre les atteintes de l'amour.

AZURINE. L'amour! l'amour!.. et pourquoi nous est-il donc interdit sur la terre? cette loi est arbitraire, car enfin... nos pères n'y étaient pas soumis.

AQUILLONET. Et c'est ce qui nous a perdus, ma chère enfant.

AZURINE. Comment cela?

AQUILLONET. S'étant amourachées de quelques-uns des habitans du globe, nos mères eurent l'inconcevable imprudence de leur indiquer les secrets et les formules que seuls nous devons connaître... tous ceux qu'elles aimèrent devinrent des sorciers, des enchanteurs... ces gaillards-là en auraient su bientôt tout autant que nous... Pour ne pas trahir nos mystères, il fut donc arrêté que ceux d'entre nous qui n'auraient pas la force de surmonter les passions humaines qui rendent trop expansif.... seraient dépouillés de leur puissance céleste, et resteraient sur terre... De là, l'épreuve que nous devons subir.

AZURINE. On s'y conformera.

ÉOLIN. C'est un moment à passer.

AQUILLONET. Ah ça! mon petit sylphe, léger comme vous paraissez l'être... comment se fait-il que vous soyez sorti victorieux de la lutte?

ÉOLIN. J'ai fait mon voyage sur terre au temps de François Ier.... les femmes de cette époque étaient d'une sensibilité si commode, que je n'eus aucune dépense de sentiment à faire pour triompher de leur vertu... c'est un mot qui n'avait aucune valeur de ce temps-là... bref, comme j'avais adoré toutes les femmes, il fut décidé que je n'en avais aimé aucune.

AZURINE. Comme vous, mon beau cousin, j'espère échapper à tout danger.

AQUILLONET. Comptez sur moi, ma chère élève, sur ma vigilance, sur mon expérience... Mais voici venir votre mère.

SCENE VI.

Les Mêmes, LA REINE, Sylphes *et* Sylphides.

Musique d'entrée.

LA REINE. Plus de craintes maintenant, ô ma chère Azurine, Circéa, la célèbre enchanteresse que je viens de visiter, m'a fait don de ce précieux talisman qui, placé sur ton front, préservera ton cœur de toutes les séductions humaines.

AZURINE. O ma mère, je vous promets de toujours le garder.

Musique, pendant laquelle la Reine place sur le front d'Azurine une étoile de diamans.

LA REINE. En te donnant cette étoile préservatrice, je te rappellerai, mon enfant, combien après ce pèlerinage ton existence sera douce... Libre et joyeuse, tu verras s'écouler les siècles... tu pourras à ton gré parcourir l'univers... quitter les campagnes fleuries de la France pour les pyramides du désert... franchir les flots d'une mer en furie pour aller te jouer au milieu des roses de Bagdad, ou dans les jardins embaumés de l'Indostan..... Quel avenir!.. et le perdre pour l'amour d'un mortel!..

AZURINE. Oh! sois tranquille, ta fille ne court aucun danger.

LA REINE. Et puis, quand fuit l'immortalité... l'âge arrive à pas de géant... traînant après lui les douleurs et les infirmités..... tu vieillirais, tu cesserais d'être jolie.....

AZURINE. Vieillir!.. cesser d'être jolie!.... Oh! je reviendrai, ma mère, je reviendrai!

LA REINE. Et vous, Aquillonet, ne quittez jamais ma fille... évitez les grandes villes... recherchez les campagnes éloignées où l'homme est simple et confiant. A votre gré, vous deviendrez invisibles et puissans. (*Lui donnant une feuille d'or.*) En cas de péril, vous prononcerez les trois mots cabalistiques inscrits sur cette feuille... Azurine agitera son talisman... et les dangers disparaîtront. Pour alléger votre tâche, Éolin planera au-dessus de vous, et du haut des airs veillera sans cesse sur sa cousine... Pars, mon enfant, et que le ciel te conduise!

AZURINE.

Air : *Adieu, belle Venise.*

Adieu, ma bonne mère,
Et vous tous que j'aimais!
Je pars, mais, je l'espère,
Ce n'est pas pour jamais.
Dites-moi : bon voyage!
Je sens, en vous quittant,
Des pleurs sur mon visage;
Plaignez la pauvre enfant!

REPRISE EN CHOEUR.

Point de pleurs... Bon voyage!
L'espoir, en se quittant,
Doit donner du courage.
Plaignons la pauvre enfant!

Azurine s'incline devant sa mère, qui lui donne un baiser sur le front; elle monte sur le char avec Aquillonet; ils disparaissent.

FIN DU PROLOGUE.

LA FILLE DE L'AIR.

ACTE PREMIER.

Le théâtre représente une chambre dans une vieille tour gothique presque en ruines; à gauche, au fond, une petite fenêtre à vitraux d'église; quand la fenêtre est ouverte, on voit le lierre grimper en dehors; à droite, un lit de paille et de fougères ; portes latérales.

SCENE PREMIERE.

RUTLAND, *seul.*

Il arrange dans un coin son lit de feuilles sèches et de fougère.

Là !.. j' dis que v'là un lit un peu bien fait!.. de la tendre fougère et de la paille toute fraîche... Dieu ! dort-on bien là-dessus!.. c'est doux, c'est moelleux!.. on enfonce, et on ronfle!.... Je suis ben sûr que tous nos grands seigneurs, sous leurs rideaux bariolés, ne ronflent pas aussi fort que moi... Il est vrai de dire que dans toute la Basse-Bretagne il n'y a pas un ronfleur de ma force!.. ça et la chasse, c'est ma vie tout entière, quoi ! la chasse d'abord... parce que c'est avec elle que je nourris ma pauvre vieille grand'mère qu'est si bonne!.. mais après la chasse, le sommeil... car c'est avec lui que j'oublie notr' pauvreté..... aussi, tous les soirs, en m'étendant dans ce petit coin..... je me dis avec délices :

AIR : *Faut l'oublier.*

Endormons-nous!.. sur ma fougère,
Là, m'attendent joie et plaisir.
Lorsque je me sens m'endormir,
Aussitôt s'enfuit ma misère!
J'entrevois le sort le plus doux,
Alors ma fortune s'élève!
De moi tout le monde est jaloux.
Richesse, honneur, j'ai tout en rêve ;
Endormons-nous! (*bis.*)
Puisque pour moi le bonheur n'est qu'un rêve,
Endormons-nous! (*bis.*)

Oui, mais pour le moment, il ne s'agit pas de faire le paresseux...... Allons, Rutland, faut pas attendre que le gibier déménage... en route, mon garçon.

SCENE II.

RUTLAND, LA MÈRE MARTHA.

MARTHA, *de la coulisse.* Rutland!.. Rutland! (*Entrant en scène.*) Rutland!.. ah! tu n'es pas encore parti pour la chasse..... tant mieux, mon garçon, tant mieux!

RUTLAND. Tiens, moi qui m'attendais à être grondé, pour m'être levé si tard.

MARTHA, *d'un air joyeux.* Te gronder, mon bon Rutland! oh! non, je n'en ai pas envie, va!.. bien du contraire.

RUTLAND. Ah çà, c'est drôle, grand'-mère, vous avez à ce matin un petit air tout chose... tout guilleret?

MARTHA, *souriant.* Tu trouves?

RUTLAND. Oh! tenez, j'aime à vous voir rire comme ça, grand'mère... ça vous rajeunit de dix-sept ans au moins... Voyons, qu'est-ce qu'il y a donc de nouveau?.. confiez-moi ça...

MARTHA. Mon garçon..... j'ai besoin de te parler sérieusement.

RUTLAND. Parlez, grand'mère, l'oreille de votre petit-fils vous est ouverte.

MARTHA, *qui s'est assise.* Ecoute-moi, mon bon Rutland... à présent, mon ami, tu n'es plus un enfant... tu es un homme.

RUTLAND. Le fait est qu'en me voyant on peut dire, sans crainte d'erreur : voilà un homme!

MARTHA. C'est pour ça, mon garçon, que le temps est venu où y va falloir penser à t'établir... à te marier.

RUTLAND. Comment que vous avez dit?.. me marier!.. oh! c'te bêtise!

MARTHA. Comment, c'te bêtise!

RUTLAND. Pardon, grand'mère,.. non... j' vois ben à c't' heure que vous voulez rire..... allons, rions, je veux ben..... Venir me parler de mariage, comme ça, le matin, à jeun..... en v'la une farce!

MARTHA. Qu'est-ce que ça a d'étonnant?.. n'est-ce pas à ton âge que l'on doit aimer?.. faire choix d'une jeune fille?...

RUTLAND. Moi, faire un choix... laissez donc..... D'abord et d'un, quand je leur parle aux filles, elles se moquent de moi, et quand je veux jouer avec elles, elles me baillent des taloches sur le nez.

MARTHA. C'est des manigances pour t'encourager.

RUTLAND. Vous croyez?.. c'est drôle,

moi, quand on me tape sur le nez, ça ne m'encourage pas... ensuite, elles ne me reviennent pas du tout les filles du pays...... la grosse Chonchon a une épaule de six pouces plus haute que l'autre... la petite Janotin n'a qu'un œil; elle dit que ça lui suffit, moi j' trouve que c'est pas assez..... Véronique Mulet, en v'là une qu'est abîmée d' grêle! votre vieille écumoire n'est que de la Saint-Jean auprès;... Jeannette Desrouillard, elle est assez gentille... mais elle a la jambe droite qui crie toujours à la jambe gauche : attends-moi, je suis en retard. Quant aux trois ou quatre autres, elles sont bêtes à manger.........des feuilles de vigne..

MARTHA. Tout ce que tu me dis là m'enchante, mon garçon, car ce n'est pas une fille du pays que je te destine.

RUTLAND. Bah?... vous me destinez donc quelqu'un?...

MARTHA. Un ange, mon ami, un ange!

RUTLAND. Un ange!... D'abord, grand'mère, oùs que vous en avez vu des anges?... c'est pas dans ce pays-ci, où n'y a que des revenans qui viennent flâner la nuit auprès de cette vieille tour en ruines qui nous sert d'habitation.

MARTHA. Apprends donc que celle que je te propose pour femme..... c'est Lucette, ta cousine... la fille de ton oncle Mathias Rutland!

RUTLAND. La fille de mon oncle Mathias!.. de cet oncle qu'est brouillé avec vous depuis tant d'années, et qui vous a laissée dans la misère, quand il pouvait vous secourir..... ah! rien qu'à cause de ça, je n'en veux pas de sa fille!...

MARTHA. Rutland, tu ne diras pas ça quand tu l'auras vue... Lucette ne ressemble pas aux filles de notre endroit, vois-tu?.. c'est presque une demoiselle... elle a été éduquée à la ville.

RUTLAND. Une demoiselle de la ville... je n'en ai jamais vu de ces demoiselles-là, mais c'est égal, j'en veux pas... j' veux pas me marier, et surtout avec la fille de cet oncle Mathias, que je déteste à cause du mal qu'il vous a fait... car je vous aime ben, voyez-vous, grand'mère... je vous aimerai jamais assez. Quand mon père est parti à la guerre oùs qu'il est mort, puisqu'on n'a jamais eu de ses nouvelles.... quand, peu après, j'ai perdu ma mère, et que je suis resté orphelin... tout le monde m'a repoussé.... l'oncle Mathias aussi..... il n'y a que vous, grand'mère, qu'avez tendu les bras au pauvre petit Rutland... vous m'avez élevé et soigné comme le fils d'un seigneur.

MARTHA. Et ton bon cœur m'en a bien récompensée, mon enfant... Grâce au ciel, tu es devenu grand et fort... et ta chasse nous met à l'abri du besoin.

RUTLAND, *l'embrassant*. Bonne grand'mère!.. bonne crême de grand'mère...... je n' veux aimer que vous... car vous valez mieux à vous seule, dans votre petit doigt, que tout le reste de la famille..... Mais enfin, comment qu'il se fait que l'oncle Mathias ait songé à me donner sa fille... lui qu'est riche et avare... à moi qu'a rien de rien?..

MARTHA. Peut-être se repent-il de sa conduite passée... Quand j'allais à la ville vendre ton gibier, j'entrais de temps en temps souhaiter un petit bonjour à ton oncle, qui me recevait d'ordinaire assez froidement... mais depuis quelques jours il a changé tout-à-coup à mon égard... Pourquoi? je n'en sais rien..... mais juge de ma joie, quand il m'a proposé de resserrer nos liens d'amitié en te faisant épouser sa fille Lucette. Tu penses bien que j'ai dit oui tout de suite, et... aujourd'hui même il doit venir ici pour faire les accordailles.

RUTLAND. Aujourd'hui?.. tenez, grand'mère, il y a quelque chose là-dessous... je me méfie de l'oncle Mathias... et je ne veux ni de son argent, ni de sa fille..... je n' suis qu'un homme des bois... un sauvage, comme ils m'appellent tous... mais j' sais ce qui est bon et ce qui est méchant... qu'il garde sa fille... il m'a repoussé... j'ai ça sur le cœur... avec deux bras comme ça, on ne manque jamais de rien..... vous avez dit oui... eh bien, moi, je dirai non!

MARTHA, *effrayée*. Oh! tais-toi, mon bon Rutland... je t'en prie, ne parle pas ainsi.... ce mariage, c'est mon vœu le plus cher!.. car il assurerait ton bien-être, ton bonheur..... Songes-y bien, tu n'as plus que moi pour famille... et je suis bien vieille, mon enfant...

RUTLAND. Oh! grand'mère!...

MARTHA.

AIR : *A la grâce de Dieu.*

Je dois un jour quitter la terre,
Ce jour... peut-être... c'est demain;
Et quand je songe à not' misère,
J'ai, mon ami, bien du chagrin;
En voyant ton sort plus prospère,
Mon départ serait moins affreux,
Et sans douleur ta vieille mère
Pourrait alors fermer les yeux,
En te disant adieu, } (*bis.*)
A la grâce de Dieu! }

RUTLAND, *qui essuie ses yeux*. Que c'est bête de parler de ces choses-là... voulez-vous bien vous taire, grand'mère... est-ce que vous mourrez jamais, vous? est-ce qu'on meurt quand on est bonne comme vous?

MARTHA. Ne parlons plus de cela... mais je t'en prie, mon Rutland... sois gentil.... dis-moi que tu recevras bien ton oncle et ta cousine... n'est-ce pas?.... et que tu vas aller faire une tournée... afin d'avoir du gibier pour les traiter ce soir.

RUTLAND. Se déranger pour ces gens-là!

MARTHA. Rutland... tu veux donc me faire de la peine?

RUTLAND. C'est bon! on se tait!... on ira à la chasse... on tâchera de tuer quelque chose!... on tâchera de l'aimer, votre demoiselle... pas pour elle, mais pour vous, rien que pour vous. Me marier!... ouf!... j'ai besoin de prendre l'air. Au revoir, grand'mère.

ENSEMBLE.

AIR : *de la Cachucha.*

MARTHA.

Pour moi plus de peur !
Ah ! je reprends courage ;
Car ce mariage
Assure son bonheur.

RUTLAND.

Ce mot me fait peur,
Mais il faut du courage ;
Car ce mariage
Assure son bonheur.

Il sort son fusil sur l'épaule.

SCENE III.

MARTHA, *puis* LUCETTE *et* MATHIAS.

MARTHA. Ce pauvre garçon!... ça l'inquiète... ça le tourmente... c'est ben naturel... mais en épousant sa cousine... son avenir est assuré... D'ailleurs Lucette est jolie, elle aimera mon Rutland... qu'est-ce qui ne l'aimerait pas?... Oh! oui, tout est pour le mieux.

MATHIAS, *de la coulisse.* Mère Martha, êtes-vous par ici?

MARTHA. Qu'est-ce que j'entends?... c'est l'oncle Mathias.

Mathias et Lucette entrent en scène.

MATHIAS. Où diable est-elle fourrée?... ah! la voilà! bonjour, mère Martha, bonjour.

LUCETTE, *embrassant Martha.* Bonjour, ma bonne tante... vous ne nous attendiez pas sitôt, n'est-ce pas?

MARTHA. Ma foi, non, ma petite Lucette... Est-ce que vous n'avez pas rencontré mon fils?...

MATHIAS. Rutland?... non.

MARTHA. O mon Dieu! que je suis donc fâchée!.. il vient de partir à l'instant pour la chasse... peut-être pourrais-je encore l'appeler...

MATHIAS, *la retenant.* Ne vous dérangez pas, mère Martha... nous ne faisons qu'entrer et sortir... pour revenir ce soir, bien entendu... accompagnés des amis et du notaire... Tu comprends, Lucette... accompagnés du notaire.

LUCETTE. Comment, papa... déjà!... j'aurais pourtant voulu voir avant mon cousin Rutland... car enfin nous ne nous connaissons pas... il ne m'a jamais vue...

MARTHA, *lui tapant sur la joue.* Et tu crains qu'il ne te trouve pas assez jolie?.. hein?.. Sois tranquille, va...

MATHIAS. D'ailleurs il m'a vu, moi... il sait que tu me ressembles, et ça doit lui suffire...

LUCETTE. C'est que de mon côté j'aurais pas été fâchée de le voir, de lui parler... Un mari... on aime à regarder ça d'avance.

MARTHA. Pour ça, mon enfant, tu peux le prendre de confiance... c'est un brave et honnête garçon que t'auras pour mari... et quant à sa figure...

MATHIAS. Elle est très-suffisante, sa figure...

LUCETTE. Je ne dis pas... mais...

MATHIAS. Ah! assez, ma fille. (*Bas et la tirant à l'écart.*) Tu sais bien que, sans s'en douter, Rutland vient de faire un héritage magnifique... avec de l'argent, un homme est toujours beau...

LUCETTE, *de même.* Mais pourquoi ne leur parlez-vous pas de cet héritage?

MATHIAS, *de même.* J'ai mes raisons... ton bonheur en dépend... silence!

MARTHA, *à part.* Qu'est-ce qu'ils ont donc à se parler tout bas?

MATHIAS, *haut.* Je viens de faire à Lucette le portrait de son cousin... et elle le trouve superbe homme... quant à la question d'argent... Rutland n'a rien... absolument rien...

LUCETTE, *tirant son père, bas.* Mais si, puisqu'il hérite...

MATHIAS, *bas.* Veux-tu bien retenir ta langue! (*Haut.*) Mais peu importe... je suis riche... et mon neveu est mon neveu...

MARTHA. Oh! ce que vous faites là vous portera bonheur, père Mathias... Dieu vous récompensera de votre générosité.

MATHIAS. Ne parlons pas de ça, mère Martha, ne parlons pas de ça... Allons, Lucette, remontons en cariole; au revoir, bonne mère... nous revenons bientôt avec les parens, les amis, les invités, le notaire et le contrat, que nous signons sans désemparer.

MARTHA. C'est dit... sans désemparer.

LUCETTE. Au revoir, ma tante.

MATHIAS. Mère Martha, à bientôt.

CHOEUR.

AIR : *Allons, vite, vite.*

Allons, vite, vite,
Partons, au revoir!
L'plaisir { vous / nous } invite
A r'venir ce soir.

Lucette et Mathias sortent.

SCENE IV.

MARTHA, *seule.*

Allons, allons... tout va à merveille... je craignais que l'oncle Mathias ne vînt à se raviser... mais j'avais tort... c'est un digne homme! (*Plusieurs éclairs se succèdent, un coup de tonnerre se fait entendre.*) Ah! mon Dieu! voilà de l'orage! (*On entend tomber la pluie.*) Il pleut à verse... et mon pauvre Rutland qu'est en chasse... pourvu qu'il trouve à s'abriter... Allons vite tout fermer.

Elle sort après avoir fermé la fenêtre.

SCENE V.

AZURINE, *seule.*

L'orage redouble ; la petite fenêtre que Martha avait fermée s'agite violemment; on entend toujours tomber la pluie et siffler le vent; après un violent coup de tonnerre, la fenêtre s'ouvre avec fracas, et Azurine paraît.

AIR *de Zampa.*

Pour inonder le monde,
L'eau par torrens tombe des cieux,
Et la foudre qui gronde
M'éblouit de ses feux!

Elle saute à terre.

Je suis au terme du voyage,
Chassons de mon cœur
Toute frayeur.
Un bon abri contre l'orage,
Pour le voyageur
C'est le bonheur.
Allons, ici restons, gaîment chantons,
Je suis au terme du voyage, etc.

Quel temps horrible! je n'en puis plus! et mes pauvres ailes sont toutes mouillées... à peine puis-je les étendre!... Où suis-je?... (*Elle regarde autour d'elle.*) Je n'en sais rien... sans doute dans l'habitation de quelque paysan... car nous nous sommes abattus sur un joli village... et j'admirais sa position pittoresque quand cet orage affreux nous a surpris. Et mon pauvre compagnon de voyage... qu'est-il devenu?... il a disparu tout-à-coup dès que la pluie a commencé à tomber... il paraît qu'il craint l'eau. (*Frissonnant.*) Oh! il vient un vent terrible par cette fenêtre... fermons-la.

Musique vive.

SCENE VI.

AZURINE, AQUILLONET.

AQUILLONET. C'est moi! ne faites pas attention.

AZURINE. Je vous retrouve enfin! Que vous est-il donc arrivé?

AQUILLONET. Ne m'en parlez pas... j'ai eu toutes les peines du monde à m'élever jusqu'ici?.. vous n'êtes pas sans connaître le proverbe qui dit : «Petite pluie abat grand vent; » eh bien! imaginez-vous qu'une scélérate de pluie avec laquelle j'eus autrefois des démêlés, m'ayant aperçu, s'est élancée sur moi, m'a terrassé!... Et ce n'est qu'à force de raser le sol que je suis parvenu jusqu'ici.

AZURINE. Enfin vous voilà à l'abri de ses attaques...

AQUILLONET. Je crois qu'elle m'a perdu de vue et qu'elle s'en est allée... et c'est pour cela, sans doute, que le ciel s'éclaircit; voyez, l'orage est déjà dissipé.

AZURINE. Il fait toujours un vent bien froid.

AQUILLONET. C'est que je suis encore essoufflé... et en ma qualité de vent septentrional... je n'ai pas l'haleine très-chaude.

AZURINE. En effet, depuis votre arrivée, l'air de cette chambre est devenu glacial.

AQUILLONET. Rassurez-vous... je vais vous faire grâce de ma présence. J'ai besoin de visiter cette contrée, afin de savoir si nous pouvons nous y fixer... je dois suivre les recommandations de votre mère.

AZURINE. Vous me retrouverez ici... j'aperçois là un lit de feuillage, je vais prendre un peu de repos... jamais je ne me suis sentie comme en ce moment. Est-ce là ce qu'on appelle de la fatigue?

Elle s'étend sur le lit de Rutland.

AQUILLONET. Mon Dieu! oui... c'est l'influence de la terre. Dormez en paix, charmante Azurine, je ne m'éloignerai pas de cette tourelle, et je m'informerai en même temps de ce qui se passe en cet endroit du globe, quels sont ses habitans... et je reviendrai vous en instruire.

AZURINE. Partez, car je sens que le sommeil me gagne.

AQUILLONET, *se dirigeant vers la petite fenêtre.* Sans adieu!... ne faites pas de mauvais rêves.

Air : *Des cloches du couvent.*

Reposez-vous, ma belle,
Ici, ne craignez rien,
Je ferai sentinelle;
Au revoir, dormez bien.

Il disparaît.

azurine, *suite de l'air très-lentement.*

De fatigue je tombe,
Au sommeil je succombe,
Oui, je cède à la loi
Que l'on subit sur terre ;
Du haut des cieux... ma mère,
Veillez, veillez sur moi,
Veillez sur moi !

Elle s'endort. Air : Adieu, belle Venise, *final du prologue.*

SCENE VII.

AZURINE, *endormie*, ÉOLIN, Sylphides.

éolin, *paraissant à gauche, par la cheminée. Parlant sur la musique.* Elle dort !.. suivons les ordres de ma reine, et sachons distraire son sommeil par des songes heureux. Venez, douces illusions... venez lui rappeler nos célestes demeures.

Plusieurs pierres de la vieille tour s'écartent et laissent passage aux Sylphides qui viennent procurer un songe à Azurine; attitudes de danse; Éolin chante, une sylphide l'accompagne sur une lyre d'or.

Air : *C'est l'espérance* (de l'Eclair).

Quand le sommeil sur sa paupière
S'appesantit... accourons tous !
Retraçons-lui, loin de sa mère,
Ses jours passés, ses jours si doux !
Au temps heureux de son enfance,
Transporte-la, rêve enchanteur !
Que l'espérance
Reste en son cœur;
Sans espérance,
Point de bonheur.

REPRISE EN CHOEUR.

Que l'espérance, etc.

L'orchestre joue le même air, et la danse se termine sur une ritournelle animée.

une sylphide. Elle va s'éveiller !

éolin. Retirons-nous... L'habitant de cette tour est un paysan qui n'a rien de dangereux pour ma jolie cousine; et d'ailleurs son talisman la met à l'abri de tout danger. On vient... partons.

Reprise de musique ; Éolin et toutes les sylphides sortent par où elles sont entrées ; tout rentre dans l'ordre.

SCENE VIII.

AZURINE, *toujours endormie*, RUTLAND.

rutland, *sans voir Azurine.* Satané maladroit que je suis !.. en v'là une de chasse ! moi, Rutland, rentrer à la maison avec rien dans mon carnier... oh ! j'en rougis ! A deux pas de la forêt, je vois un lièvre, un beau gros lièvre qui déjeunait avec une feuille de chou... j'approche, j'ajuste... pan !... mon lièvre me regarde... finit de manger sa feuille de chou... et s'en va tranquillement. En v'là un effronté !... Je vas un peu plus loin, contre le grand étang... je vois partir un canard sauvage... j'étais dans un champ de navets... Bon, que je m'dis, v'là l'assaisonnement tout trouvé... je tire... pan !.. mon canard continue sa route en me criant couak, couak, couak !.. ce qui veut dire, dans la langue canardière : « Je me moque pas mal de toi... » et je reste comme un hébété au milieu de mes navets. C'est pas tout ! c'est pas tout !... En revenant, v'là que j'aperçois un faisan se glisser dans les genêts... flac !... je l'abats... je cours... c'était le vieux coq au voisin Babouchet... une volaille dans sa dixième année !... C'est ce maudit mariage qui me trouble la tête et la vue... Décidément je vas signifier à grand'mère que je veux rester garçon. (*Il va déposer son fusil et aperçoit Azurine.*) Tiens ! qu'est-ce que c'est que ça ? on dirait que ça remue... (*Il s'approche.*) Eh !.. mais... c'est fait comme une jeune fille... Dieu !... qu'elle est mignonne !... qu'elle est gentille !... elle a un drôle de costume tout de même... un peu plus et... Tiens, tiens, tiens, elle a des ailes !... Qui diable que ça peut être ! Oh ! j'y suis !.. oui, ça doit être Lucette, la fille à l'oncle Mathias... grand'mère m'a dit que c'était pas une fille comme une autre... qu'elle ressemblait aux demoiselles des grandes villes... c'est comme ça qu'elles sont... à ce qu'il paraît. Ah ! qué petite taille !... qué petites mains !... Bon ! bon !... je vois la manigance !.. grand'mère m'a envoyé à la chasse, pour la mettre là... pour me surprendre... pour m'enjôler... pour que je l'aime enfin !.. Eh ben !... ça y est !... oui, cousine, oui... je vous trouve ben à mon goût... oh ! ne faites pas semblant de dormir... à présent que je vous ai vue, je vous épouserai les yeux fermés... Hein ?.. elle ne répond pas... (*il va prendre son fusil*) je vais l'éveiller tout doucement.

Il décharge son fusil par la fenêtre, Azurine se lève tout-à-coup.

azurine. Ah ! mon Dieu !.. qu'y a-t-il? (*Apercevant Rutland.*) Un mortel !... ah ! que c'est drôle !..

rutland. Comment, c'est drôle !... au fait, c'est ce que j'ai dit aussi en vous voyant.

AZURINE. C'est pas trop beau!

RUTLAND. C'est pas trop laid! regardez bien... c'est que vous avez mal vu, pas vrai?... vous souriez?.. à la bonne heure... Eh ben!... à présent, belle cousine, que nous nous connaissons, nous allons causer un brin, en tête-à-tête... D'abord faut que je vous dise tout de suite que vous me convenez, que vous me plaisez énormément... que près de vous mon sang bout à gros bouillons, que mon cœur saute à m'en ôter la respiration... enfin que je suis très-fou de vous... et pour preuve, je vas vous embrasser.

AZURINE, *reculant.* M'embrasser!..

RUTLAND, *s'essuyant la bouche.* Un peu!

AZURINE. Par exemple!.. Eolin ne m'avait pas dit qu'ils allaient aussi vite que ça. (*A Rutland qui s'approche.*) Finissez!.. finissez!.. si vous faites un pas!..

RUTLAND. Un pas!... j'en ferais mille pour ça.... Allons, cousine, un baiser.

Il veut embrasser Azurine, qui se débat et lui échappe.

ENSEMBLE.

AIR *du Forgeron.*

RUTLAND.

Cousine chérie,
A vous mes amours,
Toujours, toujours,
J'vous aim'rai toujours;
Oui, toute la vie,
Je veux désormais,
A tout jamais,
Près d'vous vivre en paix.

AZURINE.

Cessez, je vous prie,
Ou bien pour toujours;
Toujours, toujours,
J'tourment'rai vos jours;
Craignez ma furie,
Un baiser? jamais!
Jamais, jamais,
J'veux partir en paix.

AZURINE.

Eh quoi! ton amour espère...

RUTLAND.

Oh! mais oui, oui, oui!

AZURINE.

Tu veux braver ma colère?

RUTLAND.

Oh! mais oui, oui, oui!

AZURINE.

Prends garde si je me venge!
Déjà la main me démange.

RUTLAND.

Quand tu devrais me rosser,
Je saurai bien t'embrasser.

REPRISE DE L'ENSEMBLE.

RUTLAND.

Cousine chérie,
A vous mes amours,
Toujours, toujours,
J'vous aim'rai toujours;
Oui, toute la vie,
Je veux désormais,
A tout jamais,
Près d'vous vivre en paix.

AZURINE.

Cessez, je vous prie,
Ou bien pour toujours,
Toujours, toujours,
J'tourment'rai vos jours.
Craignez ma furie,
Un baiser? jamais!
Jamais, jamais,
J'veux partir en paix.

La musique continue; dans la lutte, Azurine perd son talisman, qui se détache et tombe sans qu'elle s'en aperçoive.

AZURINE, *appelant.* Aquillonet! à moi! à moi!...

RUTLAND. Oh! vous avez beau crier... ça n'y fera ni chaud ni froid... Ah! je vous tiens.

AZURINE, *se dégageant de ses bras.* Pas encore... tiens.

Elle lui donne un soufflet et monte sur la fenêtre.

RUTLAND. Oh!...

AZURINE, *riant.* Et maintenant... suis-moi, si tu l'oses!

RUTLAND. Certainement que je l'ose...

Azurine disparaît par la fenêtre; Rutland veut la suivre et se précipite sur ses pas; Aquillonet montre sa tête à la fenêtre, et souffle avec violence contre Rutland, qui recule et finit par tomber sur son derrière.

RUTLAND, *criant.* Au secours!... au secours!... qu'est-ce que c'est que ça?... au secours!

SCENE IX.

RUTLAND, MARTHA.

MARTHA. Eh mon Dieu!.. qu'y a-t-il? c'est toi, mon garçon... que fais-tu là?.. et à qui en as-tu donc?

RUTLAND, *toujours à terre.* A qui que j'en ai?.. c'est à celle que vous voulez me bailler pour femme... c'est à ma femme que j'en ai!

MARTHA. Tu l'as donc vue?

RUTLAND, *se relevant.* Pardine... même que j'ai voulu l'embrasser... et pour la peine... v'lan! en plein sur le nez...

MARTHA. Mais c'est un rêve que tu as fait.

RUTLAND. Un rêve! regardez mon nez... demandez-lui si c'est un rêve... Une si petite main taper si fort!

MARTHA. Mais, mon ami, qui veux-tu qui t'ait battu?.. puisqu'il n'y a personne ici?

RUTLAND. Je crois bien... elle s'a envolée par la fenêtre.

MARTHA. Envolée?... ah ça! tu divagues?

RUTLAND. Oui, envolée... après m'avoir

battu. Si c'est pour me punir d'avoir fait fi de sa main... je lui en demanderai pardon, et à vous aussi, grand'mère... parce que, voyez-vous, à présent que je la connais, je l'aime... Elle ma donné un gros soufflet, c'est égal, je l'aime !.. oui, grand' mère, je crois que je serai comme le grand Pichard... j'aimerai à être battu par ma femme... mais qu'elle revienne... faites-la revenir... pour Dieu, faites-la revenir !

MARTHA. Mais il devient fou... Rutland, mon garçon, écoute-moi....

RUTLAND. Là, voyez-vous?... vous voulez aussi me faire enrager... quand je voulais pas, vous vouliez... je veux, et vous ne voulez plus.

MARTHA. Mais si, mon garçon, je ne m'y oppose pas; mais donne-lui le temps d'arriver.

RUTLAND. Mais puisque je vous dis qu'elle était là... qu'elle s'a ensauvée par la fenêtre... Il me la faut, d'abord... il me la faut !... allez me la chercher, grand' mère... ou je me porte à des choses furieuses... ou je casse tout ici...

MARTHA, *effrayée*. C'est bien, mon garçon... c'est bien... je t'obéis... j'y vais... je vais la chercher... mais calme-toi... tâche de t'éveiller, car tu es sous le coup d'un mauvais rêve.

RUTLAND. Ma cousine Lucette... que je vous dis... il me faut ma cousine Lucette... ou le trépas de la mort!

MARTHA. J'y cours! j'y cours! (*A part.*) Ah ! mon pauvre fieu !.. il a perdu la raison.

Elle sort.

SCENE X.

RUTLAND, *seul ; il s'assied.*

Ah ! mon Dieu!... comme ça me travaille là-dedans! (*Il prend sa tête dans ses deux mains.*) Tic, toc, tic, toc... je ne sais pas où je suis... Est-ce que, par hasard, grand'mère aurait raison ?.. est-ce que ce ne serait pas elle?.. c'est-y possible que je me *soye* trompé... et que je rêve?... Oh ! non... voyons ! j'dors-t-y... ou j'dors-t-y pas ?.. (*Il jette les yeux à terre.*) Que vois-je!... cette étoile brillante... qu'elle portait sur le front... (*il ramasse le talisman*) oui, c'est bien à elle... Dieu ! que c'est beau !... comme ça reluit!.. Oh ! maintenant qu'on vienne me dire encore que c'est un songe!.. cette étoile... elle l'a portée... oh ! je veux toujours la conserver... là... sur mon cœur... O ma cousine!... ma cousine !...

Il baise l'étoile, qu'il met ensuite sur son cœur.

SCENE XI.

RUTLAND, MARTHA, MATHIAS, LUCETTE, PARENS, AMIS, NOTAIRE ; *puis* AZURINE.

MARTHA. Rutland!... Rutland!... mon ami, la voilà!... la voilà !... tu ne t'étais pas trompé...

RUTLAND. Oh! je le savais bien... enfin, je vais la revoir !

Tout le monde entre.

CHOEUR.

AIR *de Don Juan.*

Que l'on s'empresse !
De l'allégresse !
Ah ! de bon cœur
Célébrons leur bonheur !

La musique continue piano. Pendant le chœur Martha arrange la cravate de Rutland, qui, tout joyeux, se laisse faire.

MATHIAS, *tenant Lucette par la main.* Mon cher Rutland, je te présente ma fille Lucette, ta future épouse...

LUCETTE, *faisant une révérence, à part.* Il n'est pas mal... (*Haut*). Mon cousin...

RUTLAND, *se retournant et saluant.* Ma cousine... Ciel... hein... quoi ?... vous... oh ! non, non... ce n'est pas vous !... ce n'est pas elle... ce n'est pas là ma femme !

TOUS. Que dit-il ?

MARTHA. Rutland... que fais-tu ?

Azurine paraît à la fenêtre.

RUTLAND. Laissez-moi, grand'mère... laissez-moi, ce n'est pas celle-là que j'aime! ce n'est pas celle-là qui portait sur son front la belle étoile que voilà !

AZURINE, *portant la main à son front.* O ciel !... mon talisman !..

RUTLAND. Je ne serai le mari que de celle à qui appartient ce bijou... et qui s'est envolée par cette fenêtre. (*Il regarde à la fenêtre, et aperçoit Azurine qui disparaît.*) Dieu !.. la voilà !.. la voilà !..

Il court vers la fenêtre, on le retient ; il se débat ; tous les gens de la noce sont dans l'étonnement.

MARTHA. Mon Rutland !.. Il est fou!..

TOUS. Il est fou !

Il sort en courant.

FIN DU PREMIER ACTE.

ACTE DEUXIÈME.

Un paysage. A droite, la chaumière de Martha, adossée contre la vieille tour, dans laquelle s'est passé l'acte précédent.

SCENE PREMIERE.

LUCETTE, MATHIAS.

LUCETTE, *sortant de la chaumière, suivie par Mathias.* C'est une abomination !.. une indignité !

MATHIAS. Voyons, Lucette, calme-toi...

LUCETTE. Se lever de table au milieu du souper et nous planter là.... Ah ! mon cousin ! mon cousin !...

MATHIAS. Ma fille....

LUCETTE. Tenez, papa, voulez-vous que je vous dise !.. Eh bien ! à la fin des fins, j'en ai assez de votre Rutland...

MATHIAS. Au nom du ciel, Lucette..... pas de coup de tête... un peu de patience.

LUCETTE. De la patience ?... Mais voilà trois grands jours énormes que j'en ai comme une sainte, de la patience !... Car, c'est vrai..... je crois que je l'aime, cet homme-là, justement parce qu'il ne se soucie pas de moi..... au point que je lui fais des agaceries qui seraient inconvenantes si c'était pas pour le bon motif.

MATHIAS. Agace-le toujours, ma fille... agace-le... C'est ton père qui t'en conjure.

LUCETTE. Si vous croyez que c'est flatteur d'être traitée comme ça.... quand on est jeune, et qu'on a des foules d'amoureux à la ville.... car enfin j'en avais des foules d'amoureux... à la ville.

MATHIAS. Je sais que tu es très-recherchée, mon enfant, et que tu ne manqueras jamais de maris... mais c'est Rutland qu'il faut que tu épouses.... Pense donc à lui, ma fille... et à son héritage... à son héritage surtout !

LUCETTE. Hé ! mon Dieu !... pour quelques malheureux écus !...

MATHIAS. Qu'est-ce que tu dis ?... (*Il regarde si personne ne peut l'entendre.*) Tu t'imagines donc que si Rutland avait fait un héritage..... un roquet d'héritage..... j'aurais le cœur de lui jeter ma fille à la tête, avec des terres et une bonne ferme ?.. Non, non ; le père Mathias sait compter, Dieu merci !, . Et si je tiens à ce qu'il devienne mon gendre, vois-tu..... c'est que c'est un parti superbe, admirable, colossal, quoi !

LUCETTE. Mais d'où cet argent lui est-il donc tombé ?

MATHIAS. Voilà le secret..... Rutland dans les temps a eu un père...

LUCETTE. Jean-Louis... je sais ça... qui est mort à l'armée...

MATHIAS. Pas si bête... Au lieu de s'être fait tuer comme on l'a cru, Jean-Louis a été fait prisonnier par les Russes..... puis on l'a relâché... Et il paraît qu'une grande dame de là... une Russienne, une duchesse, je ne sais pas quoi, au juste... en est tombée très-fortement amoureuse... au point de l'épouser.

LUCETTE. Voyez-vous ça ?

MATHIAS. Jean-Louis est donc devenu un gros personnage... Mais ça ne l'a pas empêché de faire une grande maladie qui l'a emporté il y a quelques mois. Heureusement qu'avant de mourir.... il s'est souvenu qu'il avait un fils en Bretagne, et il lui a laissé une somme énorme pour assurer son avenir et son bonheur... Le tout dans un portefeuille oùs qu'il y a des billets de banque à faire frissonner...

LUCETTE. C'est-il possible !

MATHIAS. Le notaire de la ville qui a reçu l'argent est justement le père Robichon, mon intime..... « Père Mathias, qu'y m'a dit comme ça... tout cet argent, si vous le vouliez bien, ne sortirait pas de la famille. — Comment ça, père Robichon ? — Si Rutland épousait Lucette... ? — Pardine, vous avez raison, père Robichon..... et ça sera.... » Là-dessus, j'ai bien vite vu la mère Martha, je l'ai cajolée, j'ai parlé mariage, et tout est convenu..... C'est pour ça, Lucette, que je t'ordonne d'être aimable et séductrice envers ton cousin, afin que tu deviennes la plus cossue du pays.

LUCETTE. Oh ! oui, j'aurai des toilettes d'enfer... des dentelles larges de ça...

MATHIAS. Certainement !

LUCETTE. Et des diamans aussi.

MATHIAS. Et des diamans aussi ; et moi, j'agrandirai mes propriétés..... et je parviendrai aux honneurs, je me ferai nommer adjoint du maire. Mais silence, voilà la mère Martha.

SCENE II.

LUCETTE, LA MÈRE MARTHA, MATHIAS.

MARTHA. Eh bien! ma bonne Lucette, es-tu toujours fâchée?....

MATHIAS. Il ne faut pas lui en vouloir, mère Martha..... c'est la froideur de Rutland qui la désole.

MARTHA. Lui en vouloir!... à elle... à vous!... qui ne voulez que le bonheur de mon enfant.

MATHIAS. Eh! mon Dieu, oui... Qu'est-ce que je demande, moi? son bonheur.

LUCETTE. Et moi aussi...

MARTHA. Faut pas perdre patience, mon enfant; avant peu ton cousin te reviendra... C'est moi qui t'en réponds.... Que voulez-vous? Rutland n'est pas un garçon comme un autre, son existence de chasseur en a fait quasi un ours.... Vivre toujours seul, dans les bois, dans les montagnes!.... ça n'apprivoise pas un jeune homme..... Et depuis qu'il a été question de mariage, il y a des momens où sa pauvre tête bat la campagne que ça m'en désole le cœur!

MATHIAS. Le fait est que depuis trois jours il a tout-à-fait l'air d'un fou qu'a perdu la raison.

MARTHA. Lui qu'était si gai!... un vrai sans souci! à présent il est triste et boudeur.... Il avait un appétit... Dieu! le bel appétit qu'il avait!... Eh ben! maintenant.... il ne mange plus, il ne boit plus, il reste des heures entières le nez en l'air, sans bouger..... Je lui parle, il ne répond pas... Puis tout-à-coup il s'écrie: La voilà! la voilà! Et alors il se met à courir les champs, en furetant partout, en riant, en pleurant... Et le soir il revient tout défait..... et il se couche sans embrasser sa grand'mère

LUCETTE. Tenez, ma tante..... tout ça me donne à penser, à moi, qu'on pourrait bien lui avoir jeté un sort.

MATHIAS. Tu crois, ma fille?

MARTHA. Lucette n'a peut-être pas tort. Pour que mon Rutland soit changé à ce point-là.... il faut certainement qu'il soit la victime de quelque sortilége... Ça s'est vu!

MATHIAS. Certainement ça s'est vu... Mais moi, qui vous parle, dans ma jeunesse, j'étais stupide..... Pardine, mère Martha, vous devez vous en souvenir..... j'étais bête comme un dindon.... Eh bien! c'était un sort qu'on m'avait jeté. C'est le mariage qui m'a dégourdi; sans le mariage, je serais encore fort endormant dans la conversation. Par ainsi, rassurez-vous sur le sort de Rutland, mère Martha; le mariage chassera tout ça. Aussitôt marié, aussitôt guéri.

LUCETTE. Je crois que papa a raison.

MARTHA. Puissez-vous dire vrai! Mais, avant tout, je veux consulter le vieil ermite qui demeure au bas de la montagne jaune... à trois lieues d'ici. Nous le questionnerons, et, s'il le faut, je lui mènerai mon Rutland..... il l'interrogera... et j'espère qu'il nous indiquera le moyen de le débarrasser du démon qui le possède. Après, nous songerons au mariage.

MATHIAS. C'est très-bien pensé. (*Tapant sur son gousset, et à part.*) Je ferai en sorte que l'ermite conseille le conjungo. (*Haut.*) Mère Martha a raison, ma fille..... pour que ton cousin puisse être ton mari, il faut qu'il ait toute sa tête à lui..... tu as besoin de toute sa tête.

MARTHA. Si vous voulez, père Mathias, nous irons tout de suite chez l'ermite.

MATHIAS. Très-volontiers, le temps de mettre le cheval à la cariole, et nous partons.

MARTHA. Toi, Lucette, reste ici, tu veilleras sur mon pauvre Rutland.

LUCETTE. Comment? rester toute seule avec un homme ensorcelé!

MATHIAS. Il n'y a pas de danger. Il ne te mangera pas, sois tranquille; au contraire, ta présence peut bien faire. (*Bas à Lucette.*) Tâche de l'amadouer, et t'auras des diamans.

LUCETTE, *de même*. Je tâcherai, papa.

MARTHA. Allons, allons, père Mathias; partons, pour ne pas arriver trop tard.

AIR : *Ici pour faire bombance.* (De la Tirelire.)

ENSEMBLE.

Vers le sorcier du village,
Partons, / Partez, } fions-nous à lui;
Il doit, j'en ai le présage,
Guérir } mon / votr' } fils aujourd'hui.

LUCETTE.

Allez, mais, je vous en prie,
Revenez vit' près de moi,
Un homme atteint de folie
Peut se permettre... on ne sait quoi.

REPRISE DE L'ENSEMBLE.

Vers le sorcier du village, etc.

Mathias et Martha sortent.

SCENE III.

LUCETTE, *puis* ÉOLIN.

LUCETTE. Me voilà seule... Allons, attendons que monsieur mon cousin vienne me trouver... Où peut-il être à cette heure?... Sans doute à courir les champs, comme disait sa grand'mère. Courir les champs! quand je suis là... Oh! que c'est rabaissant! que c'est rabaissant!

Musique.

ÉOLIN, *paraissant au fond.* Ah! c'est la jolie petite paysanne que j'ai déjà remarquée dans les environs... la fiancée de Rutland.

LUCETTE. Je suis sûre, quand il reviendra, qu'il ne fera pas seulement attention à moi.

ÉOLIN. Il aura tort.

Il se cache derrière un buisson.

LUCETTE, *se retournant.* Hein?... C'est drôle, il me semblait qu'on avait parlé!... Après tout, je ne dois pas trop lui en vouloir à ce pauvre cousin, s'il est ensorcelé... Au fait, pour ne pas être amoureux de moi, il faut vraiment qu'il soit ensorcelé... Car, enfin, je puis me dire ça, à moi, en confidence.... j'ai tout ce qu'il faut pour plaire.

ÉOLIN, *à part.* Oh! la petite coquette.

LUCETTE.

AIR : *En vérité, je vous le dis.* (De Bérat.)

Il faut avoir perdu l'esprit
Pour rester froid quand je soupire;
J'ai le teint frais, un doux sourire,
La taille fin', le pied petit.
J'ai la peau blanche et l'œil qui brille,
Oui, très-souvent on me l'a dit,
Pour ne pas me trouver gentille
Il faut avoir perdu l'esprit.

ÉOLIN. Elle n'a pas tort, la petite friponne!

LUCETTE.

Même air.

Il faut avoir perdu l'esprit
Pour ne pas voir ce que j'éprouve:
Auprès de lui quand je me trouve,
Je souris à tout ce qu'il dit.
Ma main... je la lui laisse prendre,
Mon cœur s'agite et me trahit...
Enfin... pour ne pas me comprendre...

ÉOLIN, *finissant l'air.*

Il faut avoir perdu l'esprit.

Il l'embrasse.

LUCETTE, *sans se retourner, à part.* Oh! c'est lui! c'est Rutland!... Tiens, il s'apprivoise... Voyons s'il osera réitérer.

Elle tend le cou comme pour demander un second baiser.

ÉOLIN. Elle se laisse faire... Continuons.

Il l'embrasse à plusieurs reprises, et se cache derrière le buisson.

LUCETTE, *à part.* Il a osé réitérer! (*Haut.*) Ah! mon cousin, mon cousin..... ce n'est pas bien, je vais me fâcher... si vous ne finissez pas. (*Elle se retourne.*) Eh bien! où est-il donc? Il s'est sauvé!... Mon Dieu! que les hommes sont bêtes!... Rutland!... mon cousin!.... Rutland!... Avec son petit air... c'est qu'il m'a très-bien embrassée... (*Elle sort en appelant.*) Rutland! Rutland!

Musique de sortie.

SCENE IV.

ÉOLIN, *seul, regardant sortir Lucette.*

Sur ma foi, voilà une petite qui vaut à elle seule toutes les conquêtes que j'ai eues à la cour de François Ier... Et ce rustre, ce nigaud, qui néglige une aussi jolie fille pour courir après mon aérienne cousine, qu'il n'a qu'entrevue un instant. Hélas! c'est notre précieux talisman qui le rend aussi froid et aussi insensible auprès de sa fiancée... Avoir perdu la brillante étoile de l'enchanteresse Circéa... Quelle imprudence! Et dire que nous ne pouvons pas l'arracher des mains de ce Rutland. Le talisman le protége contre toute violence à cet égard, et sa volonté seule peut nous en rendre maîtres! Que faire? Déjà j'ai tout mis en usage, prières, menaces... je l'ai tourmenté par tous les petits moyens qui sont en notre pouvoir... Rien n'a réussi... (*Musique.*) Je l'entends... Essayons encore.

SCENE V.

RUTLAND, ÉOLIN.

RUTLAND, *entrant en courant, et regardant dans les buissons et dans les arbres. L'orchestre joue l'air de la Folle.* La voilà! la voilà!.. arrêtez-vous!... Ah! elle se cache... Non, non... ce n'est pas elle!... Rien encore!.... Depuis trois jours je la cherche... et je ne peux la joindre. (*Il tire de sa poche le talisman, et le regarde avec amour.*) Cette étoile... c'est tout ce que j'ai d'elle. (*Il l'embrasse.*) Ça vient d'elle... Oh! ça ne me quittera jamais! (*Il regarde autour de lui.*) Mais où peut-elle être, mon Dieu!.. ous qu'elle est?

ÉOLIN. Par ici...

Reprise de la musique de la Folle.

RUTLAND, *se dirigeant du côté où la voix s'est fait entendre.* On a dit : Par ici!... C'est de ce côté... (*Il se met à courir; sur un signe d'Éolin, une grosse pierre sort de terre et fait tomber Rutland.*) Aie!... (*Se relevant très-vite.*) Imbécile que je suis!... ne pas voir cette grosse pierre. (*La pierre disparaît.*) Eh ben! ousqu'elle est donc passée, à présent? elle ne m'est pourtant pas entrée dans le pied. Ah! bon! je devine... c'est encore un tour du démon, du mauvais génie qui m'asticote depuis deux jours!... Voyons, réponds... mauvais diable, c'est-y encore toi?

ÉOLIN. Moi-même.

RUTLAND. J'en étais sûr. Savez-vous que vous vous trompez joliment, si tu te figures que ça peut durer long-temps comme çà entre nous?

ÉOLIN. Ça durera autant que je voudrai.

RUTLAND. Allez! tout ce que tu fais là est bien petit!.. Oh que c'est petit!... Vous profitez de ce que vous êtes invisible; mais je m'en plaindrai aux autorités... Et dire qu'il n'y a pas prise de corps sur ces gens-là!.. Adieu, je m'en vas, car je ne peux pas vous regarder en face.

ÉOLIN. Reste.

RUTLAND, *après avoir fait quelques pas, s'arrête tout-à-coup.* Comment! reste?..... Ah!... bon! v'là que mes jambes sont plantées en terre! impossible d'avancer! Ah çà, voyons donc à la fin... est-ce que vous n'aurez pas bientôt fini de me taquiner?... grand béta.... (*A part.*) Je suis sûr qu'il est très-grand et très-maigre. (*Haut.*) Avant-hier, vous m'avez poussé dans la grande mare, ousque j'ai pris un bain de grenouille..... Hier vous avez fait tomber sur moi un gros nid de pie; tous les œufs se sont cassés sur ma tête, et ça m'a fait dans le cou une omelette très-désagréable... Aujourd'hui v'là que vous vous emparez de mes jambes... Mais on ne s'empare pas comme ça des jambes du monde.

ÉOLIN. Il ne tient qu'à toi de faire la paix. Si tu le veux, ton sort va changer; je puis te rendre le plus heureux des hommes.

RUTLAND. Rendez-moi d'abord mes jambes.

ÉOLIN Marche donc!

RUTLAND, *remuant ses jambes.* Ah!.... elles se détachent... à la bonne heure!... les ressorts ne sont pas abîmés. Voyons, maintenant...causons. Vous disiez donc...

ÉOLIN. Que je puis te rendre le plus fortuné des mortels... Il dépend de toi d'être riche, puissant, d'avoir un palais, des vins exquis, des bayadères...

RUTLAND. Non, non, non... je ne veux pas de tout ça. Rendez-moi plutôt le joli petit être que j'ai trouvé sur mon lit de fougère.

ÉOLIN. Pour être heureux, il faut, au contraire, que tu renonces à le voir; et, en échange de mes bienfaits, je ne te demande que cette étoile qui lui appartient, et que tu as en ton pouvoir.

RUTLAND. Oh! je savais bien que c'était pas du bonheur que vous vouliez me proposer... Car, sans elle, est-ce qu'il peut y en avoir pour moi? Et quant à cette étoile... elle est donc bien précieuse, que l'on m'offre tant de choses en échange?

ÉOLIN. Elle est précieuse pour celle qui l'a perdue, mais pour toi c'est un objet inutile.

RUTLAND. Eh bien! que celle qui l'a perdue vienne elle-même me la redemander... Que je la revoie, que j'entende encore sa petite voix... et puis après... nous verrons.

ÉOLIN. Tu la lui rendras?

RUTLAND. Je ne dis pas ça... je verrai.

ÉOLIN. Rutland...rends-la-moi de suite, et je te donne tous les biens que je t'ai promis.

RUTLAND. Non pas... A vous, je ne rendrai rien.

ÉOLIN. Tu refuses de m'en faire l'abandon?

RUTLAND. Je refuse.

ÉOLIN. Au revoir donc; bientôt tu auras de mes nouvelles.

RUTLAND. J'en désire pas, n' vous dérangez pas pour ça.

ÉOLIN, *à part.* Allons retrouver ma cousine, et aviser aux moyens de vaincre l'obstination de ce rustre.

Éolin sort.

SCENE VI.

RUTLAND, *puis* LUCETTE.

RUTLAND. Êtes-vous parti... hein?... Si vous êtes parti, dites-le.

LUCETTE. Ah! enfin je le retrouve.

RUTLAND. Vous êtes parti...... tant mieux! Bien des choses chez vous.

LUCETTE. A qui donc parle-t-il? Mon cousin? mon cousin?

RUTLAND. Tiens, c'est vous qu'êtes là, cousine Lucette?

LUCETTE. Il y a joliment long-temps que je cours après vous, monsieur.

RUTLAND. Ah! et pourquoi donc, cousine, que vous courez après moi?

LUCETTE. C'est ça, faites l'étonné!.. Allez, monsieur, c'est très-vilain, d'embrasser les jeunes filles... et de se sauver après.

RUTLAND. Moi, je vous ai embrassée?

LUCETTE. Mon Dieu, j' vous en fais pas un crime; après ça, vous êtes dans votre droit... puisque l'on nous destine l'un à l'autre, vous pouvez m'embrasser... Faut pas vous cacher pour ça ni vous en faire faute... Entendez-vous, cousin? faut pas vous en faire faute. (*A part.*) Voyez un peu s'il comprendra?

RUTLAND. Cousine, vous venez me conter des balivernes... je suis fâché de vous le dire.

LUCETTE. Comment, monsieur! vous allez nier qu'ici, à cette place, vous m'avez donné un gros baiser sur le cou.

RUTLAND. Pour le coup, c'est trop fort!

LUCETTE. Comment! c'est trop fort?.... Je vous dis, moi, que vous m'avez embrassée... il n'y a pas dix minutes; si vous ne voulez pas en convenir, c'est par timidité. Mais tenez, mon cousin, je veux être franche avec vous... et, puisque vous m'avez fait une déclaration, puisque vous m'avez juré que vous m'aimiez, car en m'embrassant ça voulait dire tout ça.... eh bien! je vous avouerai, de mon côté, que je ne vous vois pas non plus avec indifférence, et que je consentirai de bon cœur à devenir votre femme... Il y en a qui feraient les mijaurées... qui diraient ci et ça... Moi pas... parce que la franchise vaut mieux que tout le reste; et voilà comme je suis.

RUTLAND. Ta, ta, ta, ta, ta, ta...... Comme vous y allez, cousine! mais j'ai pas dit un mot de ça... Mais c'est des propos.. c'est des bêtises!... et quant au baiser, je jure sur les cheveux de grand'mère que ce n'est pas moi qui vous l'ai appliqué.

LUCETTE. Comment, monsieur! ce n'est pas vous?... Eh bien! qui donc, s'il vous plaît?

RUTLAND. Voulez-vous le savoir?..... Eh bien.. c'est le diable!

LUCETTE, *avec effroi.* Le diable!... j'aurais été embrassée par le diable!

RUTLAND. Lui-même... Tout-à-l'heure, ici, j'ai eu une conversation intime avec lui.

LUCETTE. Mais non, c'est pas possible, car il a parlé... et il n'avait pas une grosse voix.

RUTLAND. Ça n'y fait rien; ces êtres-là, ça change leur organe... ça s' donne des petites voix flûtées. Et pour mieux vous mettre dedans... le coquin aura pris une voix très-agréable.

LUCETTE. Mais je vous assure que son baiser n'était pas désagréable non plus. (*A part.*) Ça va peut-être le rendre jaloux.

RUTLAND. Ah! son baiser n'était pas désagréable... voyez-vous ça, le scélérat!.. Oh! mais rassurez-vous, si je le tiens une bonne fois au bout de mon fusil...

LUCETTE. Le tuer!

RUTLAND. Eh bien... vous ne voulez pas que je tue le diable!...

LUCETTE. Dam!... s'il est gentil?... Et puis on dit qu'il y en a qui ne sont pas méchans. Et par où qu'il s'est sauvé?

RUTLAND. Je crois qu'il a pris la route du petit bois, par là...

Il indique la gauche.

LUCETTE. Dans le petit bois, où il y a de si bonnes noisettes?.. Justement j'allais en cueillir; je vais de même y aller... Il n'y a pas de danger, n'est-ce pas, cousin?.... Qu'est-ce que vous me conseillez?

RUTLAND. Ah dam! ça vous regarde, cousine... Si vous êtes courageuse, allez-y... moi, ça m'est égal.

LUCETTE. Ça vous est égal... en ce cas, j'y vas.

AIR : *J'vas chercher ma friandise* (des Puritains).

ENSEMBLE.

RUTLAND.

Prenez garde à c'que vous faites,
Ces gens-là vous jettent des sorts;
Aller cueillir des noisettes!
Faut vraiment qu'elle ait le diable au corps.

LUCETTE.

Je vais cueillir des noisettes,
Je n'crains pas qu'on me jett' des sorts;
Dieu! que les hommes sont bêtes!
Faut vraiment qu'il ait le diable au corps.

Lucette sort.

SCENE VII.

RUTLAND, *puis* AZURINE.

RUTLAND. M'est avis que la cousine n'a pas trop peur de rencontrer le diable une seconde fois... Elle est diablement curieuse, la cousine Lucette!... Grand'mère veut à toute force que je l'épouse... Oh! non, ça ne se peut pas... je sens que je ne pourrons jamais l'aimer. (*Mettant la main sur son cœur.*) Il n'y a plus de place là pour personne. (*Il s'assied sur un banc de gazon à gauche.*) Et celle pour qui j'ai tant d'amour... je ne la reverrai peut-être jamais? (*Une musique se fait entendre.*) Qu'est-ce que j'entends?... Ah! quelle douce musique!

Une branche d'un arbre de droite s'abaisse jusqu'à terre; Azurine, qui était cachée derrière, s'avance vers Rutland; la branche reprend sa première place.

AZURINE, *à part.* Il est seul, avançons... O ma mère, donnez-moi les moyens de recouvrer le talisman précieux que je tenais de vous.

RUTLAND. C'est drôle!... je me sens tout ému... Eh ben, qu'est-ce qui me prend donc?

AZURINE. Rutland?

RUTLAND, *se levant.* Hein?... qui m'appelle?...

AZURINE. C'est moi... Azurine.

RUTLAND. Azurine!... quel joli nom!... Cette voix!... c'est la sienne!... c'est la vôtre! Oh! oui, c'est la vôtre... je la reconnais... (*Il regarde de tous côtés.*) Eh bien!...

AZURINE. Ne me cherche pas, je suis invisible pour toi.

RUTLAND. Invisible... Oh! ça ne fait rien... vous me parlez, c'est déjà du bonheur... Et puis tenez... je suis sûr que vous êtes là... de ce côté...

Il indique le côté opposé à celui où se trouve Azurine.

AZURINE. Rutland, pourquoi retiens-tu en ton pouvoir un objet qui ne t'appartient pas?

RUTLAND. Ce que je retiens est à moi, parce que je l'ai trouvé dans mon chez moi... et que celle qui l'a perdu n'est jamais venue le réclamer en personne naturelle ; qu'elle se montre et nous verrons!..

AZURINE. Tu es donc sûr que c'est elle qui est près de toi?

RUTLAND. Oh! oui, mon cœur bat assez fort pour ça.

AZURINE. Et si elle se montre à toi... lui en seras-tu reconnaissant?

RUTLAND. Est-ce que ma vie ne lui appartient pas?

Ici la ritournelle de l'air suivant se fait entendre.

AZURINE. Regarde donc, et sois satisfait.

RUTLAND, *s'agenouillant.* Oh! oui, c'est elle!... c'est vous!.. Ce n'est pas un rêve, n'est-ce pas?... je ne dors pas?

AIR : *Barcarolle de Pilati.* (De la Croix d'or.)

AZURINE.

Oui, c'est bien moi, je viens combler tes vœux;
Tu veux me voir... regarde et sois heureux;
En toi, j'ai confiance,
J'accomplis ton souhait,
Que ta reconnaissance
Réponde à mon bienfait;
Oui, je mets à l'épreuve
Ton bon cœur en ce jour;
Il m'en faut une preuve
Pour croire à ton amour.

ENSEMBLE.

AZURINE.

Oui, c'est bien moi, etc.

RUTLAND.

Le ciel enfin veut donc combler mes vœux!
Je vous revois! ah! que je suis heureux!

RUTLAND. C'est vous!... vous!... mais j'ai pas assez de tous mes yeux pour vous regarder!.. Oh! merci de vous être rendue visible... Oh! que vous êtes donc bonne?

AZURINE. Tu me trouves bonne; tu ignores donc que c'est par mon ordre que l'on te tourmente depuis trois jours?

RUTLAND. C'est pas possible, vous êtes trop jolie pour être méchante.

AZURINE. C'est ce qui te trompe, car je t'ai joué moi-même plus d'un tour.

RUTLAND. Comment! ça se pourrait?... c'est cette jolie petite main blanche qui me battait... ces petits doigts effilés qui me donnaient des chiquenaudes sur le nez... Mon Dieu! si je l'avais su... mais j'aurais tout supporté avec joie... Moi qui bougonnais, qui faisais la moue... j'aurais pas fait la moue, car ça devait m'enlaidir... et je veux pas que vous me trouviez trop laid. Oh! maintenant, tapez-moi, battez-moi... je sourirai toujours.

AZURINE, *à part.* Pauvre garçon! (*Haut.*) Au contraire, Rutland, je veux que désormais on te laisse tranquille. Rends-moi l'étoile précieuse qui m'appartient, et tu n'auras plus rien à redouter.

RUTLAND, *hésitant.* Que je vous la rende?

AZURINE. Quand je te prie de me la donner... voudrais-tu la garder encore?..

RUTLAND. Oh! pardon.... si j'hésite.... Mais c'est à ce bijou que je dois tout mon bonheur... sans lui, je ne vous aurais jamais revue... et si je m'en séparais... si je vous le rendais... peut-être ne reviendriez-vous plus.

AZURINE. Eh bien... quand cela serait?

RUTLAND. Quand cela serait!.. Ne plus vous revoir!... mais est-ce que je pourrais vivre avec cette idée-là?.. Oh! maintenant, je le devine... vous rendre votre bijou.... ce serait vous dire un éternel adieu, vous iriez aut' part!... Oh! non, je ne vous le rendrai pas!

AZURINE. Tu crois donc que je ne puis m'éloigner sans lui?

RUTLAND. Je ne dis pas ça... mais du moins, si vous partez, il me restera quelque chose de vous... Cette étoile brillante... je la regarderai à chaque instant du jour... je la placerai en idée sur votre front... comme elle était lorsque je vous ai vue pour la première fois.

AZURINE, *à part.* Pauvre Rutland, comme il m'aime! (*Haut.*) Rutland... il me faut cette étoile... il me la faut!... je te la demande comme une preuve de ton amour.

RUTLAND. Demandez-moi tout ce que vous voudrez... mais pas ça.

AZURINE, *à part.* Oh! c'est trop de ménagemens... sans ce talisman je puis perdre mon immortalité... (*Haut.*) Rutland, j'ai bien voulu descendre à la prière; mais à présent j'ordonne. Songes-y bien... en me refusant plus long-temps, ce serait t'exposer à des châtimens terribles.

RUTLAND. Ça m'est égal.

AZURINE. Je puis te tourmenter sans cesse, te rendre le plus malheureux des hommes.

RUTLAND. Ça m'est égal.

Air *de l'Ermite de Saint-Avelle.*

AZURINE.

De tous les maux qu'ici-bas l'on endure,
Oui, je puis accabler ton sort.

RUTLAND, *parlant.* Ça m'est égal.

AZURINE, *continuant l'air.*

Livrer ton corps à la torture,
Je puis enfin, je puis causer ta mort!

RUTLAND,

Mourir... hé mon Dieu!.. ça m'arrange,
D'vous voir là-haut, l'espoir me restera,
Car j'en suis sûr, vous êt's un ange,
Vous d'vez d'meurer de c' côté-là. } *(bis.)*

AZURINE, *à part.* Mon Dieu! que faire?.. que lui dire?...

RUTLAND. Faites-moi souffrir, je suis prêt à tout... et pourtant je ne mérite pas ça... Comment traiterez-vous donc ceux qui vous haïssent, si vous faites tant de mal à ceux qui vous aiment?

AZURINE, *à part.* Il a raison... et malgré son air grossier... il s'exprime d'une manière... Oh! chassons toute pitié... rien ne doit m'arrêter pour rentrer en possession de mon talisman. (*Haut.*) Rutland... la nuit vient... il faut nous séparer... Ton dernier mot?

RUTLAND. J' vous aime!

AZURINE, *impatientée.* Ta résolution?

RUTLAND. J' vous aime.

AZURINE. Et cette étoile?

RUTLAND. Je garde mon seul trésor.

AZURINE. Mais alors, malheur à toi!...

RUTLAND. Malheur à moi, s'il le faut!

AZURINE. Va-t'en, car je crains pour toi les effets de ma colère... va-t'en!

RUTLAND. Oh! non... pas tant que vous serez là.

AZURINE. Va-t'en, te dis-je... je le veux!

Elle étend le bras; Rutland est entraîné par une force irrésistible, au milieu des éclairs et des coups de tonnerre; musique.

SCENE VIII.

AZURINE, *seule.*

Impossible de lui faire entendre raison... quel parti prendre? C'est donc une bien forte passion qu'il ressent pour moi?.... c'est affreux! c'est révoltant d'être aimée comme cela... et pourtant, c'est bien gentil... Ce n'est qu'un paysan... mais quel cœur!... quelle résignation!... quel courage!... Mon Dieu! mon Dieu!... les hommes sont-ils donc aussi dangereux qu'on me l'a dit?...

Air *de l'Ambassadrice.*

Vrai, ce garçon-là
M'aime trop, oui-dà,
Que faire à cela?
Qui me le dira?
Son cœur, je l'atteste,
Parlait sans détour,
Son regard modeste
Peignait bien l'amour.
Augmenter sa peine,
Le puis-je vraiment?
Mais d'être inhumaine
J'ai fait le serment.
De le laisser faire
J'aurais grand désir;
J'ignorais que plaire
Fît tant de plaisir.
Mais ce garçon-là, etc.

SCENE IX.

AQUILLONET, AZURINE, ÉOLIN.

Aquillonet et Éolin arrivent chacun d'un côté opposé; pendant cette scène, la nuit vient peu à peu.

AQUILLONET. Eh bien, belle Azurine?

ÉOLIN. Que s'est-il passé, ma charmante cousine?

AQUILLONET. Le rustre a-t-il cédé?

ÉOLIN. Avons-nous enfin notre talisman!

AZURINE. Hélas! non... vous me voyez dans le plus grand embarras.

ÉOLIN. Comment?... il ne vous l'a pas rendu?

AQUILLONET. Il nous le faut pourtant... il nous le faut!

AZURINE. Mais vous n'ignorez pas que le talisman ne peut changer de mains sans la volonté de celui qui le possède.

ÉOLIN. Sans doute, et nous ne pouvons compter que sur notre ruse ou sur la négligence de Rutland.

Il reste pensif.

AZURINE. Voyons, seigneur Aquillonet, conseillez-moi. Ma mère vous a placé près de moi pour me protéger, pour renverser les obstacles que je rencontrerais... Voici l'occasion de mettre votre esprit à l'épreuve.

AQUILLONET. Certainement... certainement... aussi je cherche... Il s'agit de trouver un moyen... ça viendra... mais j'avoue qu'en ce moment je manque totalement de moyens.

ÉOLIN. Il en est un pourtant...

AQUILLONET. Il en est un!.. à la bonne heure donc!.. (*A Azurine.*) Je vous disais bien que ça allait venir... nous le tenons... Voyons, Eolin, ce moyen?

AZURINE. Quel est-il?

ÉOLIN. La mort de Rutland!

AZURINE, *tristement.* Sa mort!

AQUILLONET. Mais le talisman ne le protége-t-il pas contre tout danger?

ÉOLIN. Oui, contre tout danger venant des habitans de ce monde... mais nous pouvons le livrer aux Willis.

AZURINE. Les Willis.... qu'est-ce que cela?

ÉOLIN. Les Willis, sont les ames des humains qui sont morts d'amour... à minuit, ils quittent leurs cercueils, et viennent danser, à la clarté de la lune, dans les cimetières ou près des monumens en ruines... Ceux que tourmentent des peines de cœur trouvent parmi ces fantômes, l'image de l'objet adoré... puis, bientôt entraînés par la fascination de leurs danses, ils se joignent à eux, et finissent par perdre l'existence au milieu de ces illusions perfides.

AQUILLONET. Mourir en dansant... ça doit être très-agréable... voilà un manant bien heureux de sauter le pas aussi gaîment.

ÉOLIN. Ainsi vous trouvez mon projet...

AQUILLONET. Superbe, admirable... et je vais...

AZURINE. Arrêtez... employer un moyen aussi violent... causer la mort d'un homme!

ÉOLIN. De la pitié?..

AZURINE. Eh bien! quand j'en aurais de la pitié?.. faire souffrir, est-ce donc une des conditions de mon épreuve sur terre?

AQUILLONET. Mais puisque ce maudit paysan ne veut pas entendre raison... d'ailleurs, c'est notre seule ressource... Voulez-vous rester exposée aux atteintes de l'amour?... Azurine, rappelez-vous les paroles de votre mère : « Si tu aimes un » mortel, ma fille, tu ne me reverras plus, » tu perdras ton essence divine... tu vieil- » liras, tu deviendras laide. »

AZURINE. Assez... assez.... je m'abandonne à vous... je suivrai vos conseils.... Oh! je ne veux pas vieillir!

Musique jusqu'à la fin du tableau.

ÉOLIN. J'entends Rutland... silence!

SCENE X.

LES MÊMES, RUTLAND.

RUTLAND, *qui cherche au tour de lui.* Enfin, j'ai pu regagner ces lieux... elle n'y est plus... je ne sais pas qu'est-ce qui m'a entraîné comme ça... mais on y allait d'une furieuse force... où la trouver à présent?..

ÉOLIN. Rutland!

RUTLAND. Hein!.. ah! c'est la voix du grand diable... (*Il lève la tête comme s'il parlait à un géant.*) Qu'est-ce que vous me voulez... toi qui m'appelles?

ÉOLIN. Je viens de la part de celle que tu aimes.

RUTLAND. Vous venez de sa part?.. donnez-vous donc la peine de vous asseoir... oùs que vous êtes?.. c'est qu'il commence à faire sombre... Et qu'est-ce qu'elle désire?... qu'est-ce que vous venez me dire de sa part?

ÉOLIN. Touchée de ton amour, elle te donne rendez-vous... cette nuit.

RUTLAND. Cette nuit?.. ça se pourrait!.. et où ça?.. à quelle heure?..

ÉOLIN. A minuit, au cimetière du village.

RUTLAND. Au cimetière!.. c'est un drôle d'endroit pour causer d'amour.

ÉOLIN. Craindrais-tu de t'y rendre... aurais-tu peur?

RUTLAND. Peur!.. moi! quand il s'agit de la voir!... mais j'passerais par le feu pour ça.

ÉOLIN. Tu t'y rendras donc?

RUTLAND. Je m'y rendrai.

ÉOLIN. Tout-à-l'heure... à minuit?

RUTLAND. A minuit.

ÉOLIN. Au revoir donc.

RUTLAND. Adieu!

ÉOLIN, *à Aquillonet et à Azurine.* Nous le tenons!

AZURINE, *à part.* Pauvre Rutland!

RUTLAND, *à part.* Au cimetière!... oh! n'importe, elle y sera!

Rutland sort par la droite, les autres par la gauche.

Deuxième Tableau.

Un cimetière.

SCENE PREMIERE.

ÉOLIN, AQUILLONET, AZURINE.

Musique d'entrée.

ÉOLIN. Nous y voici!

AQUILLONET. Au milieu de ces tombes, j'ai failli culbuter vingt fois.

AZURINE. Cet endroit est bien lugubre.

ÉOLIN. Qu'importe! c'est le lieu du rendez-vous.

AQUILLONET. Oui, c'est ici que les pauvres humains se donnent tous rendez-vous.

AZURINE. Et c'est dans ce cimetière que les Willis viennent danser?

ÉOLIN. Tous les soirs, à minuit.

AQUILLONET. Notre homme ne tardera

pas à paraître... pourvu qu'il n'oublie pas l'heure! .

AZURINE. Puisse-t-il ne pas venir!

ÉOLIN. Que dites-vous là, ma cousine? en vérité, vous nous feriez croire des choses...

AZURINE. Oseriez-vous penser que moi, fille de la reine des génies, je puisse me laisser toucher par l'amour d'un villageois? non; mais s'il vient pour moi dans un pareil lieu, et à une pareille heure... c'est que cet amour est grand et pur... et je dois le plaindre.

AQUILLONET. Bah! bah! vous êtes trop bonne!

ÉOLIN, *à part.* Pauvre Azurine, elle a grand besoin de son talisman... (*Haut.*) L'heure avance... il faut donner le signal aux Willis.

AQUILLONET. Quel signal?

ÉOLIN. Prenez une branche de cyprès fraîchement cueillie... frappez trois coups sur cette colonne qu'entoure le lierre sauvage; ainsi vous avertirez les Willis.

AZURINE. Eolin, un moment... songez qu'il y va de la mort d'un pauvre jeune homme.

AQUILLONET. Oh! pas d'enfantillage, charmante Azurine... un homme de plus ou de moins, qu'est-ce que ça vous fait?

ÉOLIN. Aquillonet, faites ce que j'ai dit. (*A Azurine.*) Malgré vous, nous saurons bien vous sauver.

Aquillonet, après avoir arraché une branche de cyprès, va vers la colonne et la frappe trois fois, à chaque coup un son lugubre se fait entendre.

SCENE II.

LES MÊMES, UNE WILLIS, *sortant d'un tombeau devant la colonne.*

Musique.

LA WILLIS. Fille de l'air, que veux-tu?

ÉOLIN. Tirer vengeance d'un mortel.

LA WILLIS. Que pouvons-nous pour toi?

AQUILLONET. Le genre de mort que l'on trouve au milieu de vous nous a paru le moins cruel pour nous débarrasser de celui que le destin condamne.

LA WILLIS. Fille de l'air, réponds.... celui que tu nous enverras doit-il périr?

AQUILLONET, *à Azurine.* Songez à votre immortalité!

ÉOLIN, *de même.* Songez à votre mère!

AZURINE. Puisque c'est le seul moyen de me faire remonter au ciel... qu'il périsse!

LA WILLIS. Il suffit... nous sommes à tes ordres.

Elle étend le bras vers la colonne, un grand coup de tamtam se fait entendre; tous les tombeaux s'ouvrent, des fantômes de femmes en sortent. AIR *de Robin des Bois :* Parais!

AZURINE. Ah! mon Dieu!.. mais ces fantômes sont affreux!

AQUILLONET. Le fait est que ça ne flatte pas le regard.

LA WILLIS, *aux fantômes.* Mes sœurs, nous devons fasciner par nos danses et entraîner à la mort un malheureux que tourmente un amour sans espoir... préparez-vous. (*Les linceuls qui recouvrent les Willis tombent, et elles se trouvent légèrement vêtues de gaze blanche.*) A quelle heure doit venir la victime?

AZURINE. Quand minuit sonnera.

LA WILLIS. Qui nous la désignera?

ÉOLIN. Moi, en me mêlant à vos danses.

On entend sonner minuit.

AQUILLONET. Voici l'heure!.. il va venir...

AZURINE, *qui a été au fond.* C'est lui... je le vois!

ÉOLIN, *aux Willis.* Éloignez-vous, et soyez prêtes au moindre signal.

Les Willis s'éloignent et se perdent dans les cyprès.

SCENE III.

AQUILLONET, AZURINE, ÉOLIN, RUTLAND.

CHOEUR.

AIR *de Pauvre Jacques.*

Vers nous il s'avance;
Ah! plaignons son sort,
Car, sans défiance,
Il marche à la mort. } (*bis.*)

RUTLAND.

Avançons sans crainte.
Bientôt... doux espoir!
Ici, sans contrainte,
Je vais donc la voir!

REPRISE DU CHOEUR.

Vers nous il s'avance, etc.

RUTLAND.

Mon cœur bat d'avance,
J'appelais la mort!
Lorsque l'espérance
Vient changer mon sort. } (*bis.*)

RUTLAND. Il me semble qu'on a marché...

ÉOLIN. Rutland!

RUTLAND. Présent! me voici... je suis exact, vous voyez... et elle?

ÉOLIN. Elle aussi, regarde.

Il lui amène Azurine.

RUTLAND. Oui, c'est elle... oh! que je suis donc heureux!.. comment! c'est bien vous?.. ce n'était pas une tromperie?.. et vous n'avez pas tremblé de vous rendre ici?

AZURINE. Toi-même... as-tu tremblé d'y venir?

RUTLAND. Moi!.. oh! non... pour me rapprocher de vous, je courrais au bout du monde... plus loin encore... Ah! mais, mon Dieu! qu'est-ce que j'ai donc fait pour être aussi heureux que ça?.. je suis près de vous, et c'est par votre ordre... comment donc vous remercier de me donner autant de bonheur?

AQUILLONET. Rutland... ne te livre pas encore à la joie... avant de t'abandonner cette jeune fille, nous devons savoir si tu es digne d'elle, et nous allons mettre ton courage à l'épreuve.

RUTLAND. Oh! tant mieux... car elle verra combien je l'aime... Je suis prêt à vous obéir... que faut-il faire?

Aquillonet fait signe à Azurine de faire placer Rutland à côté d'elle sur une tombe.

AZURINE. Viens donc te placer près de moi... ici, sur cette tombe.

RUTLAND. Sur cette tombe!.. mais si celui qui dort là-dessous...si le propriétaire de l'endroit trouvait ça mauvais?..

AZURINE. Tu refuses... as-tu peur?

RUTLAND. Oh! non.... voyez plutôt si ma main tremble... (*Il lui prend la main, à part.*) Tiens, c'est la sienne qui tremble!

Il va s'asseoir sur une tombe à droite, avec Azurine.

ÉOLIN, *au fond.* Maintenant... Willis... paraissez!

SCENE IV.

Les Mêmes, WILLIS.

CHOEUR.

Air *des Huguenots.* (Final du premier acte de César.)

Dansons, dansons, le sort l'ordonne!
Formons des pas toujours nouveaux;
Allons, mes sœurs... quand minuit sonne,
Il faut sortir de nos tombeaux!

Le milieu de l'air continue pendant que l'on parle.

RUTLAND, *se levant avec effroi.* Mais ce sont des fantômes... ils sont sortis de leurs tombeaux!

AZURINE, *le faisant rasseoir et lui prenant la main.* Silence!... (*Bas.*) Rutland... il en est temps encore... mon étoile, rends-la-moi, rends-la-moi... je t'en supplie, il y va de ton existence!

RUTLAND. Non, non... la rendre en ce moment... ce serait une lâcheté... mourir près de vous, c'est encore du bonheur!

REPRISE DU CHOEUR.

Dansons, dansons, le sort l'ordonne! etc.

A la fin du chœur, la musique doit changer pour devenir plus bruyante; les Willis forment des groupes, des attitudes, et dansent une ronde fantastique; Eolin vient prendre Rutland et l'entraîne au milieu des danses; Azurine s'échappe; Rutland la cherche et la poursuit derrière les tombeaux; on l'entoure; Azurine paraît sur le devant; Rutland veut la rejoindre, on l'en empêche; il paraît souffrir.

RUTLAND. Azurine!.. Azurine!...

Le charme opère sur Rutland qui, épuisé, tombe à terre, et paraît succomber à un étourdissement mortel; Azurine fait un signe, les Willis s'arrêtent; air du prologue : *Adieu, belle Venise*! Rutland se traîne avec peine vers Azurine, qui est dans la plus grande agitation.

AZURINE. Arrêtez!.. arrêtez!

AQUILLONET. Que faites-vous?.. un moment encore, et il est à nous... Que les danses recommencent!

AZURINE. Non, je ne veux plus de danses.

AQUILLONET. Mais si les Willis s'arrêtent, il ne mourra pas!

AZURINE. Je veux que les Willis s'arrêtent.

ÉOLIN. Mais s'il ne meurt pas.... plus de talisman!

AZURINE. Eh bien! plus de talisman... je ne veux pas qu'il meure.

ÉOLIN. O ma pauvre cousine!.. (*A Aquillonet.*) Plus que jamais, nous devons veiller sur elle!

Les Willis font quelques pas vers Rutland comme pour saisir leur proie; Azurine d'un bras le protége, et de l'autre ordonne aux Willis de se disperser; celles-ci, fascinées par le regard d'Azurine, reculent peu à peu et rentrent dans leurs tombeaux. Le rideau tombe.

ACTE TROISIÈME.

Une campagne riante. Au fond, un torrent. A droite une grotte sauvage. A gauche, une table gothique en marbre, puis quelques colonnes en ruines, couchées çà et là; auprès au second plan, un arbre dans lequel repose Azurine, que l'on ne voit point encore.

SCENE PREMIERE.

MARTHA, MATHIAS, LUCETTE.

MARTHA, *parlant à l'entrée de la grotte.* Oui, bon ermite, oui..... Reposez-vous ici; le voyage a dû vous fatiguer. . Nous amènerons notre garçon; et vous tâcherez de savoir ce qu'il a.... (*Regardant la grotte.*) Bon... le voilà qui s'endort.

MATHIAS. Eh! ben Lucette, trouves-tu

que ça soye une bonne idée que nous avons eue d'amener ici même le sorcier?.. Rutland n'aurait jamais voulu se décider à l'aller trouver... et de cette façon il faudra ben qu'il l'écoute et qu'il lui explique ce qu'il éprouve.

LUCETTE. Oh bien! allez... s'il parvient à le guérir... ça sera un fier homme! car il y a joliment de l'ouvrage.

MARTHA. Mon pauvre garçon! dans quel état qu'il est revenu ce matin!... Il paraît qu'il a rôdé toute la nuit du côté du vieux cimetière, où qu'on dit qu'il y a des esprits qui reviennent.

MATHIAS. Si le sien avait pu lui revenir, au moins.

LUCETTE. Allez... le pays n'est pas sûr dans ce moment... je vous en parle savamment, moi.... car, pas plus loin qu'hier... j'ai été embrassée... oh mais, embrassée très-bien... par un être invisible.

MARTHA. C'est-il possible, ma fille?

MATHIAS. Et comment qu'il était fait?

LUCETTE. Puisque je vous dis qu'il était invisible... Je ne l'ai pas vu... mais lui, il m'a parlé.

MARTHA. Il t'a parlé?

LUCETTE. Moi, je croyais que c'était Rutland qui me faisait une niche... mais pas du tout.... c'était un lutin... et peut-être bien le même qui tourmente mon pauvre cousin... Il n'y a que le sorcier qui puisse l'en débarrasser.

MARTHA. Dieu merci, il est là... Il vient de prendre un peu de nourriture... puis il s'est endormi... sans doute pour converser en songe avec les esprits supérieurs.

LUCETTE. A présent faut lui amener mon cousin; et ce n'est pas le plus facile.

MARTHA. Je l'ai laissé assoupi dans mon grand fauteuil, et je vais retourner près de lui.

MATHIAS. Je vous accompagne, mère Martha. Lucette, viens avec nous, ma fille.

CHOEUR.

AIR : *Mire dans mes yeux tes yeux.*

Allons chercher { ton / mon } cousin,
Partons tout de suite;
Pour chasser l'esprit malin,
C'moyen est certain.
Oui, grâce à ce bon ermite,
Ici bientôt plus de chagrin.

Ils sortent.

SCENE II.

ÉOLIN, AQUILLONET, AZURINE, SYLPHIDES.

Dès que les précédens sont partis, Aquillonet paraît au fond, fait un signe, et de tous côtés les Sylphides paraissent; les branches de l'arbre qui est à gauche s'écartent, et l'on aperçoit Azurine endormie au milieu du feuillage. Éolin danse au milieu des Sylphides qui viennent jeter des fleurs près de l'arbre où repose Azurine. Après les danses, Azurine s'agite; son sommeil est pénible.

AZURINE, *rêvant.* Ma mère! ma mère!

AQUILLONET. Elle s'éveille... silence!.. Filles de l'air, retirez-vous.

Les Sylphides s'éloignent doucement.

AZURINE, *rêvant toujours.* Non... non... laissez-moi... (*Se levant éveillée.*) Ah! c'est vous, mes amis.... Oh! quel songe affreux!

Elle descend de l'arbre, qui aussitôt disparaît.

AQUILLONET. Rassurez-vous..... nous sommes auprès de vous... il n'y a rien à craindre.

ÉOLIN. Comme vous êtes agitée, ma cousine!

AZURINE. Oh oui!... le cœur m'en bat encore... On m'entraînait loin de vous.... j'étais perdue! Oh! mais ce n'était qu'un rêve... n'est-ce pas?

AIR : *Adieu, beau rivage de France.* (Grisar.)

Beau ciel!... toi que mon cœur adore,
De te voir
Je puis garder encore
L'espoir!
Là seulement la vie
Est jolie!
Pour toi je suis rebelle
A l'amour;
Que bientôt on m'appelle,
En retour,
Dans ton divin séjour.
Oui, tout-à-l'heure, amis... ô visions cruelles!
Loin de ma mère, hélas! sur terre je restais,
Un pouvoir inconnu faisait tomber mes ailes,
J'étais mortelle enfin!.. par bonheur, je rêvais.
Beau ciel, toi, etc.

AQUILLONET. Ceci est d'un mauvais présage.

ÉOLIN. C'est la reine des génies qui vous a envoyé ce songe-là, ma cousine... pour vous avertir des dangers que vous courez, privée du talisman que vous n'avez pas voulu reprendre cette nuit.

AQUILLONET. Par le Septentrion! nous le tenions, il était à nous!.. mais bast! au moment décisif, il vous prend un beau remords... une sensiblerie...

AZURINE. Et je ne m'en repens pas..... Quel était son crime, à ce pauvre Rutland? Le hasard l'a jeté sur mon passage... il m'a vue, il m'a aimée... il veut garder de moi un souvenir éternel.... et parce qu'il rend hommage à ma beauté, parce qu'il m'a donné son cœur, je dois ordonner sa mort... sa mort, qu'il acceptait avec tant de courage; sa mort, qui abîmerait de douleur sa pauvre vieille mère, dont il est le seul bien, le seul appui sur terre!.... Oh! non; à ce prix je renonce à mon talisman.

Je saurai m'en passer ; seule, je me défendrai contre les dangers de l'amour... et ma bonne action peut-être me portera bonheur.

AQUILLONET. Hé, mon Dieu !... la mort d'un homme, c'est un verre d'eau retiré de l'océan.

ÉOLIN. D'ailleurs les humains eux-mêmes ne se sacrifient-ils pas pour des causes bien plus légères ? Un coin de terre, ils l'achètent avec leur sang... pour un mot échangé, ils se frappent au cœur... pour un peu de gloire, pour la couleur d'une bannière... ils brûlent et saccagent des villes, font couler des flots de sang et de larmes !... Qu'est-ce que l'existence d'un petit paysan de la Bretagne, comparée à cela ?

AQUILLONET. Et puis ce talisman ne peut rester dans les mains de ce rustre... S'il venait à connaître les trois mots cabalistiques qu'il faut prononcer pour lui donner toute sa force... nous serions gentils !

AZURINE. Oui ; mais ces trois mots, il les ignore... il les ignorera toujours... Ma décision est prise, à moins cependant que vous ne trouviez quelque stratagème pour obtenir par ruse ce que nous ne pouvons prendre par force... Allons, respectable vent du nord, et vous, mon spirituel cousin, mettez votre esprit à la torture.

AQUILLONET. Pardieu ! s'il ne s'agissait que de souffler une bonne tempête..... de déraciner tous les arbres du pays..... de renverser ses habitations.... en un clin d'œil ça serait fait.

ÉOLIN. Attendez... les moyens les plus simples sont souvent les meilleurs... Rutland est fiancé à une villageoise jeune, fraîche et gentille... Si la petite savait s'y prendre... elle ferait tourner la tête à son cousin..... et en agissant avec adresse..... Oui, je vais voir Lucette.

AQUILLONET. Que prétendez-vous faire ?

ÉOLIN. Donner à la jeune fille quelques leçons de coquetterie, qui nous profiteront. A la cour de François Ier plus d'une grande dame me dut en partie sa royale conquête ; et, sans vanité, je puis conduire à bien notre affaire.

AZURINE. Mais croyez-vous possible que Rutland m'oublie pour cette petite paysanne ?

ÉOLIN. En auriez-vous peur, ma jolie cousine ?

AZURINE. Je ne dis pas cela.

ÉOLIN. Vous êtes femme, et vous en seriez piquée, j'en suis certain... mais votre sûreté avant tout.

AQUILLONET. Justement j'aperçois la petite en question.

ÉOLIN. Laissez-moi avec elle, je réponds du succès.

AZURINE. Et moi, j'en doute.

ENSEMBLE.

AIR : *Oui, tout l'ordonne, tu le vois.* (Pour ma Mère !)

AQUILLONET ET AZURINE, *bas.*

Éloignons-nous tout aussitôt,
Et nous verrons bientôt
S'il fait rendre à Rutland
Notre précieux talisman.
S'il tient tout ce qu'il nous promet,
Ah ! ce sera parfait !
Allons, il faut partir,
Tâchez, { cousin, / mon cher, } de réussir.

ÉOLIN, *bas.*

Éloignez-vous tout aussitôt,
Et vous verrez bientôt
Si j'obtiens de Rutland
Notre précieux talisman.
Je tiendrai ce que je promets,
Je réponds du succès ;
Allons, il faut partir,
Je vais tâcher de réussir.

Azurine et Aquillonet sortent.

SCENE III.

ÉOLIN, LUCETTE.

LUCETTE. Va voir si l'ermite est éveillé, que m'a dit mon père..... Il croit que c'est amusant, papa.... Moi d'abord, les ermites, ça me fait peur... avec leur grande barbe qui n'en finit plus..... Après ça, si celui-là parvient à guérir mon cousin, ça sera un brave homme tout de même.

ÉOLIN, *à part.* Ah ! ils ont recours à un ermite ; c'est bon à savoir.

LUCETTE, *regardant la grotte.* J'oserai jamais entrer là-dedans... c'est d'un noir ! Dieu ! qu'il faut donc se donner de mal pour avoir un mari !... Allons.... du courage... entrons.

Elle se dirige vers la grotte.

ÉOLIN, *à part.* Un moment ! ça ne fait pas mon compte. (*Appelant.*) Lucette !

LUCETTE, *se retournant vivement.* On m'a appelée ! Qu'est-ce qui m'appelle ?..

ÉOLIN. Moi.

LUCETTE, *se cachant le visage.* Ah ! mon Dieu ! qu'est-ce que je vois ?...

ÉOLIN. Je suis donc bien affreux, pour te causer une aussi grande frayeur ?

LUCETTE, *regardant entre ses doigts.* Dam ! c'est que... (*A part.*) Mais non, au fait, il est très-gentil.

ÉOLIN. Vous n'osez pas me regarder en face ?

LUCETTE. Ah bah ! je me risque. (*Elle l'examine avec surprise.*) Tiens, tiens, tiens, comme vous êtes drôlement habillé !.. C'est donc vous, monsieur, qui m'avez embrassée ? Mais qu'est-ce que vous êtes donc?

ÉOLIN. Un des génies de l'air.

LUCETTE. Et comment qu'on vous appelle ?

ÉOLIN. Éolin.

LUCETTE. Éolin... c'est pas un nom du calendrier, ça.

ÉOLIN. Écoutez-moi, ma gentille Lucette; je veux m'occuper de votre bonheur.

LUCETTE. Et c'est pour ça que vous m'avez embrassée?

ÉOLIN. Est-ce que ça vous a fait de la peine?

LUCETTE. Oh! non.... mais comment voulez-vous faire mon bonheur?

ÉOLIN. Je sais que vous êtes fiancée à Rutland...

LUCETTE. Vous savez ça?... alors vous devez savoir aussi qu'il ne veut pas de moi ?

ÉOLIN. Oui, mais je puis vous indiquer les moyens de le rendre amoureux... oh! mais amoureux fou... et de l'amener à vos pieds.

LUCETTE. Vrai?..... Oh ! comment ça ? comment ça? dites... dites vite... car, voyez-vous, avec ce garçon-là je ne sais plus comment m'y prendre... quand je le vois froid comme marbre, moi, ça me rend maussade, impatiente...

ÉOLIN. Et c'est là votre tort... il faut toujours être aimable et folle..... si vous doutez de vous, vous êtes perdue... car le plus sûr moyen de se faire aimer, c'est de paraître persuadé qu'on l'est.

LUCETTE. Ah ! il faut paraître persuadé qu'on l'est !.. bon, bon... je m'en souviendrai... mais j'ai beau lui faire des petites mines...

ÉOLIN. Autre faute... Le bonheur trop facile n'est plus du bonheur.... Le bien qu'on désire est le seul qui a du prix.

LUCETTE. Ah ! on doit faire désirer?..

ÉOLIN. Eh! sans doute, il faut savoir faire naître les désirs, tout en cachant les siens; et ce qu'on souhaite le plus d'obtenir, il faut qu'on vienne vous l'offrir, sans avoir même la peine de le demander..... Enfin, ma gentille Lucette...

AIR : *Tout bas ma voix t'appelle*, de M. Pilati. (Mme Favart.)

Il faut de la coquetterie !
L'amour, oui, l'amour veut cela;
Par ce moyen, femme jolie
Toujours réussira.

Quand on lui parle de constance,
Fille doit prendre un ton railleur
Et feindre de l'indifférence,
Alors surtout que bat son cœur.
Il faut de la coquetterie, etc.

Rendre jaloux, c'est de l'adresse.
A son amant, pour l'embraser,
On doit savoir avec finesse
Tout promettre et tout refuser.

Il faut de la coquetterie !
L'amour, oui, l'amour veut cela;
Par ce moyen, femme jolie
Toujours réussira.

LUCETTE. Je tâcherai de me rappeler tout cela. Merci de vos conseils.

ÉOLIN. Savez-vous, Lucette, que je suis bien généreux de vous donner ces avis, pour enflammer un nigaud qui ne sait pas apprécier tout ce que vous valez; quelle sera ma récompense, à moi?

LUCETTE. Votre récompense? dam! ce que vous voudrez.

ÉOLIN. Je ne serai pas exigeant... un baiser... mais un baiser donné par toi.

LUCETTE. Non pas, monsieur; si mon cousin était là, ça pourrait me servir à le rendre jaloux... mais comme il n'y est pas, c'est inutile.

ÉOLIN, *à part*. J'aurais peut-être mieux fait de la consoler à mon profit. (*Haut.*) Charmante Lucette, est-ce que tu me refuserais ce que je demande?

LUCETTE. Certainement, monsieur. (*A part.*) Au fait, j'ai bien envie d'essayer si son moyen est bon. (*Haut.*) Je ne dois me laisser embrasser que par mon amoureux, et, quoique vous soyez bien gentil, je ne puis pas vous aimer, puisque c'est de mon cousin que je suis folle.

ÉOLIN. Un manant qui ne te regarde seulement pas.

LUCETTE. Il finira par m'adorer... vous me l'avez dit vous-même.

ÉOLIN, *à part*. J'ai agi comme un sot en lui disant tout cela. (*Haut.*) Mais ton lourdaud de cousin ne te comprendra peut-être pas. Ce rustre mérite-t-il bien le bonheur que tu veux lui donner?

LUCETTE, *à part*. Bravo... il devient jaloux... ça commence.

ÉOLIN. Au lieu de souffrir et d'attendre, si tu accordais ton cœur à quelqu'un qui en fût digne, qui sût y répondre par l'amour le plus tendre?..

LUCETTE. Monsieur, je suis sensible à l'aveu que vous me faites... vous m'aimez, je le vois bien.

ÉOLIN. Ah ! vous m'avez donc deviné?

LUCETTE, *à part*. Je n'en savais rien... mais il m'a dit qu'il fallait en paraître persuadée.

ÉOLIN. Ah ! dites-moi que mon amour ne sera pas dédaigné... que peut-être vous vous laisserez toucher.

LUCETTE, *à part.* C'est drôle, ça me fait de l'effet.... mais il ne faut pas lui dire.... faut feindre l'indifférence. (*Haut.*) Monsieur, je vous en prie, ne me parlez pas ainsi, je serais fâchée de vous faire de la peine en vous avouant que je ne partage pas vos sentimens.

ÉOLIN. Oh! je vous les ferai partager... oui, je le jure, je vous forcerai d'oublier cet imbécile de Rutland. Lucette, prenez pitié de moi... ne me donnerez-vous pas une parole d'espérance?

LUCETTE, *à part.* Faut faire désirer..... mais c'est qu'il est excellent son moyen.

ÉOLIN. Vous ne répondez pas?.. Lucette, j'étais venu pour te parler en faveur d'un autre; mais malgré moi ta gentillesse, tes grâces, tout enfin m'a bouleversé, m'a tourné la tête. Veux-tu de moi pour mari? je le jure à tes pieds, je t'aime, Lucette, je t'aime.

LUCETTE, *à part.* J'ai presque envie de me laisser aimer... Dieu! le bon moyen! (*Haut.*) Mais c'est que c'est très-embarrassant, et puis, dam! je veux qu'on m'aime beaucoup... plus que ça encore.

ÉOLIN, *voulant l'embrasser.* Ah! tu me permets donc d'espérer?..

LUCETTE, *le repoussant.* Non pas, monsieur. Je n'ai pas dit cela, je m'en garderai bien.

ÉOLIN. Et pourquoi?

LUCETTE, *souriant.* Pourquoi? parce que...

AIR *précédent.*

Il faut de la coquetterie,
L'amour, oui, l'amour veut cela;
Par ce moyen, femme jolie
Toujours réussira.

Vous l'avez dit, on doit sans cesse
Faire en amour quelques façons,
En agissant avec adresse,
J'ai profité de vos leçons.
Il faut de la coquetterie, etc.

ÉOLIN.

Il faut de la coquetterie,
L'amour, oui, l'amour veut cela;
Mais quand on est aussi jolie,
A-t-on besoin de ça?

Lucette s'enfuit.

SCENE IV.

ÉOLIN, AQUILLONET.

ÉOLIN. Oh! la petite espiègle!.. remontrez-en donc aux femmes!

AQUILLONET. Bravo! mon cher ami, si c'est ainsi que vous soignez les intérêts de votre cousine...

ÉOLIN. Que voulez-vous dire? Ne devinez-vous pas que je donnais à cette petite paysanne une leçon de coquetterie. (*A part.*) C'est-à-dire que j'en recevais une. (*Haut.*) Au surplus, j'ai trouvé un autre moyen de reconquérir notre talisman.

AQUILLONET. Vraiment?

ÉOLIN. Oui, c'est adroit.

AQUILLONET. Je ne sais pas comment il fait, il trouve toujours des moyens...

ÉOLIN. Et c'est à vous, seigneur Aquillonet, que reviendra l'honneur de la victoire.

AQUILLONET. Comment ça?

ÉOLIN. Ecoutez. Les parens de Rutland ont amené ici un vieil ermite qu'ils doivent consulter sur la maladie du jeune homme, et dans lequel ils ont la plus grande confiance.

AQUILLONET. Eh bien!

ÉOLIN. L'ermite est là, endormi dans cette grotte... nous y entrons, nous le dépouillons de sa robe... il crie, vous soufflez dessus, et à l'aide de vos puissans poumons vous l'envoyez se plaindre à trente lieues d'ici.

AQUILLONET. Après?

ÉOLIN. Vous endossez son costume, et ainsi transformé en devin...

AQUILLONET. Je ne devine pas.

ÉOLIN. Vous attendez Rutland de pied ferme... vous causez, vous le faites boire, vous buvez avec lui...

AQUILLONET. Je le veux bien, pourvu que le liquide soit agréable.

ÉOLIN. Soyez tranquille, je vous procurerai une boisson très en vogue, connue sous le nom de vin de Champagne.

AQUILLONET. Du Champagne! du temps de Charlemagne nous ne connaissions pas ça.

ÉOLIN. C'est un vin exquis. Vous ferez boire Rutland, ici, sur cette table... vous le ferez boire beaucoup et souvent... l'ivresse rend confiant et généreux; et il vous sera facile alors d'obtenir de lui, de bon gré, ce que nous avons tant d'intérêt à ressaisir.

AQUILLONET. Ce projet me sourit, et je suis curieux de faire connaissance avec ce vin si vanté.

ÉOLIN. On vient... suivez-moi... je vais vous aider à vous substituer à l'ermite.

AQUILLONET. Allons! devenons ermite.

Ils entrent dans la grotte; musique de sortie.

SCENE V.

MARTHA, RUTLAND, MATHIAS.

MARTHA, *tenant Rutland sous le bras.* Viens, mon garçon, viens, suis-nous par ici.

RUTLAND, *d'un air distrait.* Oui, grand'mère.

MARTHA. L'ermite est là qui nous attend... c'est un brave et digne homme.

RUTLAND. Oui, grand'mère.

MATHIAS. Il faudra jaser avec lui, tout lui dire.

RUTLAND. Oui, grand'mère.

MATHIAS. Allons, voilà qu'il me prend pour sa grand'mère. (*A Rutland.*) C'est moi qui te parle, Rutland... moi, ton oncle Mathias.

RUTLAND, *lui donnant une poignée de main.* Ça va bien?

MARTHA. Voyons, mon garçon, reviens à toi... tâche de t'éveiller.

RUTLAND. Oh! je dors pas, grand'mère.

MARTHA. A la bonne heure. Ainsi donc tu consens, pour l'amour de moi, à voir l'ermite... à lui expliquer tout ce que tu ressens?

RUTLAND, *avec tristesse.* Je consens à tout ce que vous voudrez.... mais, voyez-vous, grand'mère, c'est peine perdue, je n'ai pus de cœur à rien... (*mettant la main sur son front*) et je sens que bientôt il n'y aura plus là pour deux onces de bon sens... Ça déménage, ça déménage, et si ça continue, je divaguerai, je dirai des bêtises, je ressemblerai à l'oncle Mathias.

MATHIAS. Eh bien! eh bien! dis donc?

MARTHA. Silence! j'entends l'ermite.

SCENE VI.

LES MÊMES, AQUILLONET, *sous les habits d'un ermite, avec une longue barbe.*

Rutland va s'asseoir à gauche, et ne prête aucune attention à ce qui se passe.

AIR : *Que les destins prospères* (Du Comte Ory).

MARTHA, *allant au-devant de lui.*

Venez, venez, bon père;
En vous mon cœur espère;
Puisse votre prière
Le guérir aujourd'hui!

AQUILLONET.

Oui!
Oui, la chose est certaine,
Je chasserai sans peine
Le démon qui l'enchaîne,
Comptez sur mon appui.
Calmez votre tristesse;
Votre fils m'intéresse;
Ensemble qu'on nous laisse,
Et je réponds de lui.

ENSEMBLE.

Ensemble qu'on nous laisse,
Et je réponds de lui.

MATHIAS *et* MARTHA.

Comptons sur sa promesse,
Il nous répond de lui.
J'espère en lui. (*bis.*)

REPRISE DU CHOEUR.

MARTHA *et* MATHIAS.

Merci, merci, bon père;
En vous mon cœur, etc.

AQUILLONET.

Allez, ô bonne mère;
Comptez sur ma prière;
Allez, mon cœur espère,
Le guérir aujourd'hui.

Martha et Mathias sortent.

SCENE VII.

AQUILLONET, RUTLAND.

AQUILLONET, *à part.* C'est très-amusant de faire l'ermite... Allons, continuons mon rôle... (*A Rutland.*) Voyons, mon fils... nous sommes seuls... confiez-moi vos peines... (*A part.*) J'ai une envie de rire atroce.

RUTLAND, *se levant.* Tenez, mon brave ermite, il faut être franc; pour plaire à ma mère, je me suis laissé conduire ici... mais je dois vous avouer que je n'ai pas la moindre confiance en vous... oh! mais pas du tout, du tout...

AQUILLONET, *à part.* Est-ce qu'il se douterait de la ruse?

RUTLAND. Il ne s'agit pas de dire: Je suis un ermite, je suis un sorcier; tenez, v'là des herbes, v'là des petites fioles, avalez-moi ça, et n'en parlons plus, vous êtes guéri. Les vieilles bonnes femmes, ça digère tout ça... moi, non... je suis malade, c'est vrai; mais vous ne pouvez pas me guérir... Ainsi bonjour, au plaisir!

Il veut s'en aller.

AQUILLONET. Mais si cependant je te prouvais mon savoir?

RUTLAND. Ah! alors je ne dis pas...

AQUILLONET. Ecoute donc. (*Tremolo.*) Jeune homme...?

RUTLAND. Ermite...?

AQUILLONET. L'amour seul cause ton mal.

RUTLAND. C'est vrai.

AQUILLONET. Tu aimes un être surnaturel.

RUTLAND, *étonné.* C'est encore vrai.

AQUILLONET. Une jeune fille que tu as trouvée endormie dans la vieille tour qui te sert d'habitation... une jeune fille ravissante qui s'est envolée à ton approche... te laissant dans les mains une étoile de diamans... que tu conserves là, sur ton cœur.

RUTLAND. Quoi! vous savez tout cela?

AQUILLONET. Je sais encore que cette nuit tu es allé dans le vieux cimetière... que là...

RUTLAND. Assez, assez... pardonnez-moi, vénérable ermite, d'avoir douté de votre science. Oui, j'aime, j'adore un ange, et cet amour-là causera ma mort.

AQUILLONET. Sois confiant... fais ce que

j'ordonnerai... et Azurine t'appartiendra. (*A part.*) Prends garde de la perdre.

RUTLAND. Elle m'appartiendrait!.. elle, Azurine!.. oui, c'est son joli nom... Ah! parlez, que faut-il faire?

AQUILLONET. Viens t'asseoir, ici, près de moi. (*Ils s'asseyent à gauche.*) J'ai préparé pour toi une liqueur enchanteresse qui calmera tes peines et te donnera les moyens de satisfaire ton cœur.

RUTLAND. Une liqueur enchanteresse... j'ai pas trop confiance dans les fioles.

AQUILLONET. Déjà tu commences à douter... pour te rassurer je boirai avec toi.

RUTLAND. Comme ça, à la bonne heure!

AQUILLONET, *allant au milieu et frappant la terre du pied.* Holà, mon groom, servez!

Un diablotin sort de terre avec un panier contenant deux bouteilles et deux verres: Aquillonet les prend, les pose sur la table et le diablotin disparaît.

RUTLAND. Oh! le drôle de petit bonhomme! (*A part.*) C'est égal, j'ai pas trop confiance.

AQUILLONET, *faisant sauter le bouchon, et versant.* Buvons!

RUTLAND, *jetant un cri au bruit du bouchon qui part.* Ah!... Est-ce qu'il y a des feux d'artifice là-dedans?

AQUILLONET, *trinquant avec lui.* Allons, bois donc!

RUTLAND. Après vous, par politesse.

AQUILLONET, *qui a bu.* Délicieux... excellent! (*A part.*) Eolin ne m'avait pas trompé. (*Il boit de nouveau.*) Je n'ai jamais rien bu de pareil. (*A Rutland.*) Eh bien! qu'en dis-tu?

RUTLAND, *à part.* Ma foi, je me risque! (*Il boit.*) Tiens, tiens, tiens... ça vous fait des petites caresses tout le long du gosier... ça n'est pas mauvais du tout, du tout!

AQUILLONET, *se versant.* Je crois bien, c'est un nectar!... Voyons, mon garçon, chaud! chaud! avalons le nectar!

RUTLAND. Il paraît qu'il en faut quelques gouttes pour que ça opère. (*A part.*) Comme il me pousse à boire, l'ermite!

AQUILLONET, *buvant.* A ta santé!

RUTLAND. A la vôtre!

AQUILLONET. Oh! voilà un verre que j'ai bu trop vite... je ne l'ai pas savouré... c'est à recommencer...

Il tend son verre.

AIR *de mon oncle Thomas.*

Allons, mon très-cher frère,
Vos peines vont finir,
Et, pour mieux vous guérir, } (*bis.*)
Encore un petit verre! }
Pour chasser tristesse et chagrin,
Versez, versez jusqu'à demain.

ENSEMBLE.

Versons, versons jusqu'à demain.

RUTLAND, *à part.* Pour un saint homme, il flûte joliment, l'ermite, ça n'est pas naturel.

AQUILLONET, *buvant toujours.* Oh! l'excellent breuvage! ça vous rend tout folichon!... ça donne envie de rire, de chanter...

Il répète le refrain précédent.

Buvons, buvons jusqu'à demain,
Tra, tra, la, la, la, la.

RUTLAND, *à part.* Ah çà! il devient fou! et je crois qu'il a bu plus qu'il ne le voulait. (*Haut.*) Allons, bon ermite... encore une rasade?

AQUILLONET. C'est ça, mon ami... une rasade au bon ermite (*Il rit.*) Hé! hé! hé! hé! hé!... en voilà une plaisanterie nord-ouest!... moi, un bon ermite!

RUTLAND, *étonné.* Comment dites-vous? buvez donc!

Il verse.

AQUILLONET, *après avoir bu.* Je ne suis pas plus ermite que toi, mon cher petit... voilà la chose!

RUTLAND. Bah!... (*A part.*) Serait-ce encore quelque tour de mon lutin? (*Haut.*) Ah! farceur... et qui êtes-vous donc?... (*Versant.*) Buvez donc!

AQUILLONET, *gris.* Qui je suis?... ça va t'étonner... je suis un génie!

RUTLAND. Sans bêtise?...

AQUILLONET. Oui... un génie, sans bêtise... Azurine est une fille de l'air... et l'étoile que tu as trouvée, vois-tu... j'en ai besoin... il me la faut!.. Voilà pourquoi je te fais boire... afin de t'étourdir... mais dis donc, dis donc... je n'ai plus rien dans mon verre...

RUTLAND, *versant.* Ah! ah! cette étoile est donc bien précieuse?

AQUILLONET. Je le crois bien... c'est un talisman!

RUTLAND. Un talisman?... et quel est son pouvoir?

AQUILLONET. Au moyen de trois mots cabalistiques qu'il faut connaître, on peut savoir tout ce qu'on veut, deviner la pensée de ceux qui nous entourent... on peut enfin devenir tout puissant.

RUTLAND, *vivement.* Et ces trois mots?

AQUILLONET. Vois-tu, en élevant..... comme ça, le talisman au-dessus de ta tête, (*il lève son verre*) tu n'as qu'à dire...

RUTLAND, *écoutant avec anxiété.* Je n'ai qu'à dire?..

AQUILLONET, *buvant.* Ça n'est pas plus difficile que ça.

RUTLAND, *remplissant son verre.* Mais

ces trois mots... vous ne les avez pas prononcés...

AQUILLONET. C'est très-simple.... les trois mots, les voilà... Nick!

RUTLAND. Nick?

AQUILLONET. Osias!

RUTLAND. Osias?

AQUILLONET. Melmoth!

RUTLAND, *transporté de joie, tire son étoile et la lève au-dessus de sa tête, en répétant :* Nick, Osias, Melmoth!... Nick, Osias, Melmoth!..

En cet instant, la foudre gronde... le ciel s'obscurcit, un bruit de chaînes se fait entendre, et des diables sortent de dessous terre, et viennent s'incliner devant Rutland.

AQUILLONET, *se levant effrayé et chancelant.* Qu'est-ce que j'entends!.. ah! qu'ai-je fait?..

CHOEUR DE DIABLES.

AIR *d'Une Saint-Barthélemy* (de M. Masset).

Près de toi, du fond de la terre,
Nous venons pour te satisfaire,
Qu'ordonnes-tu? nous sommes là,
Nous voilà; (*bis.*)
Pour obéir à ta puissance,
Nous voilà. (*bis.*)
Faut-il exercer ta vengeance?
Nous voilà, (*bis.*)
Que veux tu? réponds aussitôt.
Dis un mot,
Un seul mot!
Et les entraves
Disparaîtront,
Et tes esclaves
T'obéiront.

Pendant ce chœur on entend toujours un bruit de chaînes.

RUTLAND. Eh bien! vénérable ermite, trouvez-vous que je profite de vos leçons!

AQUILLONET. Je ne suis qu'un pauvre vent du nord... pitié... pitié pour moi!

RUTLAND. Et pourtant vous m'avez renversé de votre souffle... vous m'avez fait danser dans le cimetière... vous allez danser à votre tour... Allons, sautez.

AQUILLONET, *se mettant à sauter.* Oh!.. ah!.. oh!... grâce... je ne puis plus m'arrêter... c'est très-fatigant... Assez, assez...

RUTLAND, *aux diables.* Qu'on l'entraîne!

Reprise d'une partie du chœur; les diables, entraînent Aquillonet dans la grotte, d'où sortent des flammes.

SCENE VIII.

RUTLAND; *puis* ÉOLIN *et* MATHIAS.

RUTLAND. Est-ce bien possible?... je serais aussi puissant! je pourrais tout savoir, tout connaître... ceux qui me veulent du bien et ceux qui me veulent du mal?... et cela, en élevant cette précieuse étoile au-dessus de ma tête, et en prononçant ces trois mots: Nick, Osias, Melmoth!...

Bruit de tonnerre; musique; Éolin et Mathias arrivent chacun d'un côté différent. Ils sont agenouillés et sont amenés en scène dans cette position.

ÉOLIN. Grâce!

MATHIAS. Pardon!

RUTLAND. Que vois-je!.. c'est l'effet de mon talisman!

ÉOLIN. Ton pouvoir est maintenant supérieur au mien... c'est moi qui t'ai tourmenté... tu peux te venger.

RUTLAND. Ah! c'est toi qui m'as joué tant de vilaines niches..... et vous, père Mathias, comment se fait-il?

MATHIAS. Mon ami, une force surnaturelle me commande la franchise avec toi... Je ne suis qu'un vieil avare... un gros dissimulé... un intrigant... si j'ai voulu te marier à Lucette, c'est que tu es devenu riche... c'est que ton père t'a légué en mourant une grosse somme que t'apportera demain le notaire Robichon.

RUTLAND. Moi, je serais riche!.. Ah! c'est pour ça que vous faisiez tant le généreux!

MATHIAS. C'était dans l'intérêt de ma fille... par amour paternel.

RUTLAND. Oui, et puis pour vous arrondir... Il suffit, je ne vous en veux pas... allez dire à Lucette que je l'attends ici..... allez.

MATHIAS, *avec humilité.* Tout de suite... ô mon puissant neveu... tout de suite.

Il sort après plusieurs salutations.

SCENE IX.

ÉOLIN, RUTLAND, *puis* LUCETTE.

RUTLAND. Et toi, petit farceur, tu me reconnais donc pour ton maître?

ÉOLIN. Il le faut bien.

RUTLAND. Et si je me vengeais de toutes les avanies que tu m'as faites?..

ÉOLIN. Je n'aurais pas le droit de m'en plaindre.

RUTLAND. Je sais la vengeance que je tirerai de toi... Voici Lucette... nous allons voir.

ÉOLIN. Lucette..... (*A part.*) Quelle peut être son intention?

LUCETTE. Mon cousin, vous m'appelez?.. (*Apercevant Eolin.*) Monsieur Eolin!

RUTLAND. Lucette... hier quelqu'un vous a embrassée... je vous ai dit que c'était le diable...

LUCETTE. Oui, mon cousin; mais c'était pas ça... car je l'ai revu... il m'a fait une déclaration, et il m'a promis de m'épouser... n'est-il pas vrai, monsieur Eolin?

RUTLAND. Ah! il t'a promis de t'épouser!

ÉOLIN. C'est faux!

LUCETTE. Comment, monsieur, vous ne m'avez pas juré...?

ÉOLIN. C'était pour rire...

RUTLAND. Oui! eh bien, ça sera pour tout de bon... car je t'ordonne de tenir ta parole.

ÉOLIN. Laissez donc, c'est une plaisanterie!

RUTLAND. Tu veux que ça tourne à la plaisanterie... Soit! Lucette, exiges-tu qu'il devienne ton mari?

LUCETTE. Dam, mon cousin, puisque c'était convenu..... mais ne lui faites pas de mal.

RUTLAND. Au contraire..... de peur qu'on te l'abîme, je vais le faire mettre sous verre.....

Éolin disparaît sous terre.

LUCETTE. Comment? sous verre!.. Eh bien!.. eh bien!.. où s'en va-t-il?

RUTLAND. Tu le retrouveras dans ta chambre, dans un bocal, et il n'en sortira que s'il consent à t'épouser.

LUCETTE. Dans un bocal! ah ben!... je suis curieuse de voir ça..... Au revoir, mon cousin...

Elle sort en courant.

RUTLAND. A présent, essayons mon pouvoir sur Azurine.....

SCENE X.

RUTLAND, AZURINE, DÉMONS.

AIR *de la Glaneuse.*

RUTLAND, *se plaçant au milieu et élevant son étoile.*

O toi, l'objet de tous mes voeux!
Parais!... à l'instant... je le veux.

Tonnerre. Des démons conduisent Azurine.

AZURINE, *continuant l'air.*

Où me conduisez-vous?.. moi, fille d'un génie!
Rutland, Rutland! quoi! l'ordre vient de toi?
Je suis victime, hélas! de ta magie?
Tu dis m'aimer?.. prouve-le-moi! (*bis.*)

RUTLAND. Vous aimer!.. oh! vous le savez si je vous aime... j'vous en ai donné assez de preuves... mais, en échange de tant d'amour, qu'ai-je reçu de vous?.. rien... Vous vous êtes moquée de moi... vous m'avez tourmenté de toutes les façons; en v'là assez comme ça... aujourd'hui, c'est mon tour... c'est moi qu'ordonne... et c'est vous qui allez obéir.

AZURINE. T'obéir!.. moi!.. quelle humiliation!.. Mais tu ne sais donc pas que c'est à ma pitié que tu dois la vie?... et c'est toi qui veux me dicter des ordres!.. toi que je pouvais laisser mourir... pour reprendre ce talisman qui seul peut me préserver du danger...

RUTLAND. Un danger vous menacerait!.. lequel?.. parlez!.. à quoi pouvez-vous être exposée?...

AZURINE. Hélas!.. à aimer un de tes semblables!

RUTLAND. Un de mes semblables... ça se peut donc?.. ô bonheur!.. oui, mais si ça n'était pas moi!.. (*S'examinant.*) Au fait... sous ces habits grossiers... Oh! un instant, je veux me rendre assez beau et assez cossu pour qu'aucun autre ne puise l'emporter sur moi... Génies soumis à ma puissance, donnez-moi aussitôt toutes les qualités qui peuvent me rendre agréable à ses yeux... (*Il change de costume; un moment il reste étourdi et reprend ses sens peu à peu.*) Grand Dieu!.. quel changement!.. ma raison s'éclaire... oh! oui, je le sens, j'ai dû vous paraître bien ridicule... Non... vous ne pouviez m'aimer, et je comprends votre haine... plaignez-moi, Azurine, plaignez-moi...

AZURINE. Vous plaindre... oui, Rutland, je le dois; mais vous aimer, je ne le puis... car il faudrait pour cela renoncer à l'immortalité, perdre un trône, des amis, une mère!..

RUTLAND. Ah! je suis bien malheureux! et le sort qui m'est réservé... jamais, non jamais je n'aurai le courage de le supporter... et bientôt... Azurine, vous allez être libre, vous allez être heureuse!.. pour vous tous les sacrifices... mais avant j'ai une promesse à tenir.

Il étend l'étoile vers le rocher du fond qui s'entrouvre et laisse voir la chambre de Lucette; Eolin est dans le bocal, Lucette est près de lui.

ÉOLIN. Lucette, tu ne veux pas demander ma grâce?

LUCETTE. Consentez à m'épouser, et vous serez libre

ÉOLIN. Si tu m'y forces... je te ferai enrager, je t'en préviens...

LUCETTE. Ça m'est égal!

ÉOLIN. Sois donc satisfaite!.. je consens à tout... débouche vite le bocal.

LUCETTE. Tout de suite.... mon petit mari.

Le bocal se brise; Éolin vient tomber aux pieds de Lucette et tout se referme.

RUTLAND, *étendant le bras.* Que dans une heure ils soient unis!.. à présent, un dernier adieu à ma pauvre mère...

Martha, endormie dans un grand fauteuil, sort de terre; musique.

AZURINE. Que va-t-il faire?

RUTLAND, *embrassant sa mère.* Pardon, bonne mère... pardon de vous quitter.... soyez heureuse, oubliez votre fils, qui ne peut vivre sans l'amour de celle qu'il aime! adieu... adieu!.. (*Il embrasse une main de Martha, essuie une larme, et tout disparaît; à Azurine.*) Maintenant, Azurine, restez insouciante et joyeuse... parcourez gaîment l'espace... mais lorsque vous serez remontée dans vos célestes demeures, jetez un regard sur la terre.... rappelez-vous qu'un malheureux vous aima plus que la vie... car il ne lui reste plus qu'à mourir...

AZURINE. Mourir!.. vous!..

RUTLAND. Tenez, Azurine... votre talisman le voilà... adieu, veillez sur ma mère... qui n'aura plus de soutien... de la tendresse pour elle... un souvenir pour moi... adieu!

Il court vers le torrent, gravit le rocher et va se précipiter dans l'abîme, lorsqu'Azurine jette un cri.

AZURINE. Arrêtez!.. arrêtez!.. (*L'orchestre joue l'air du prologue: Adieu, belle Venise. Azurine tombe un genou en terre, Rutland revient vers elle.*) Rutland, tu ne dois pas mourir; je sens mes ailes qui se détachent... je ne puis plus remonter aux cieux... je t'aime!..

Ses ailes tombent.

RUTLAND. Azurine!.. Azurine!..

Ils entrent dans la grotte.

SCENE XI.

Les Mêmes, AQUILLONET.

AQUILLONET, *sortant de la grotte; il a perdu ses ailes.* C'est affreux!.. c'est horrible!.. j'ai le dos tout plat!.. (*Il veut s'envoler.*) J'ai beau sauter, je ne tiens plus en l'air... j'ai beau souffler, je ne souffle plus rien.... je suis déchu!.. je suis un ange déchu!.. un ange déplumé!.. (*On entend plusieurs coups de fusil tirés en signe de réjouissance.*) Quel est ce bruit?... une noce!.. éclipsons-nous.

Il entre dans la grotte.

SCENE XII.

RUTLAND, ÉOLIN, LUCETTE, MARTHA, VILLAGEOIS, *puis* AQUILLONET, AZURINE, *et* SYLPHIDES.

Eolin, en costume de paysan, conduit Lucette par la main; Lucette est en mariée. Tout le monde a des bouquets.

AIR : *de la Fête des Madones.*

CHOEUR.

Allons, venez que l'on s'apprête,
Parens, amis, rassemblons-nous;
Formons des vœux pour cette fête,
Et pour les époux. (*bis.*)

MARTHA. Rutland, mon fils!.. est-ce bien toi... sous ces beaux habits?..

RUTLAND. Oui, bonne mère... c'est moi; mon costume a changé... mais mon cœur est resté le même.

ÉOLIN. Vous le voyez, Rutland... tous vos désirs sont accomplis.

LUCETTE. Grand merci, mon cousin, du petit mari que vous m'avez donné...

MARTHA. Il n'y a donc que toi, mon ami, qui veux rester garçon?

RUTLAND. Non, bonne mère... et, à mon tour, permettez-moi de vous présenter mon épouse.

Aquillonet, sous un costume ridicule, conduisant Azurine en paysanne.

MARTHA. Que vois-je?

AZURINE. Une jeune fille qui vous aimera... vous chérira comme sa mère...

MARTHA. Mais qui êtes-vous donc, ma belle enfant?... d'où venez-vous?

AZURINE. Qui je suis!

AIR : *Adieu, beau rivage de France.*

Un souvenir confus, une métamorphose...
Là-haut, là-haut, je crois, mais non, non, maintenant
Du passé, du présent je ne sais qu'une chose...
C'est que je t'aime, toi... je t'aime, mon Rutland.
Beau ciel que j'ai rêvé, je pense,
De toi je perds la souvenance.
Rutland, sois toujours
Mes amours,
Et ma seule espérance!

Tremolo à l'orchestre.

UNE VOIX. Azurine, tu as succombé à l'épreuve, tu ne remonteras plus au ciel.... tu resteras sur terre... mais les destins t'accordent la consolation de recevoir une dernière fois la bénédiction de ta mère!

Le théâtre change; on voit des jardins suspendus et aériens, au milieu desquels la reine, entourée de sylphides, dit encore, un dernier adieu à Azurine, qui tombe à genoux et reçoit la bénédiction de sa mère.

FIN.

IMPRIMERIE DE Ve DONDEY-DUPRÉ, RUE SAINT-LOUIS, 46, AU MARAIS.

www.ingramcontent.com/pod-product-compliance
Ingram Content Group UK Ltd.
Pitfield, Milton Keynes, MK11 3LW, UK
UKHW021118290826
14628UKWH00014B/2686

9 782329 318301